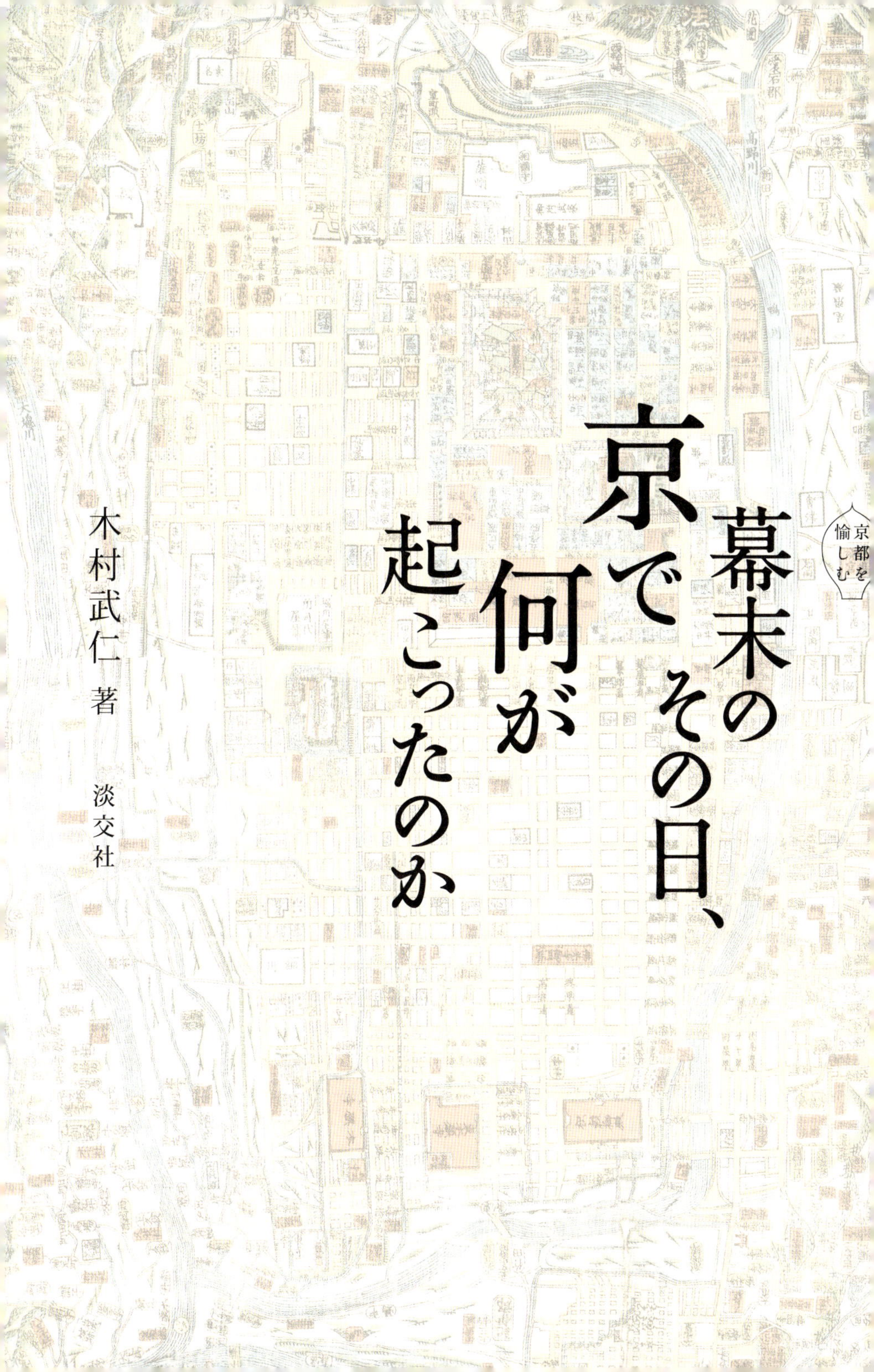

京都を愉しむ

幕末の京でその日、何が起こったのか

木村武仁 著

淡交社

目次

【木屋町周辺 MAP】

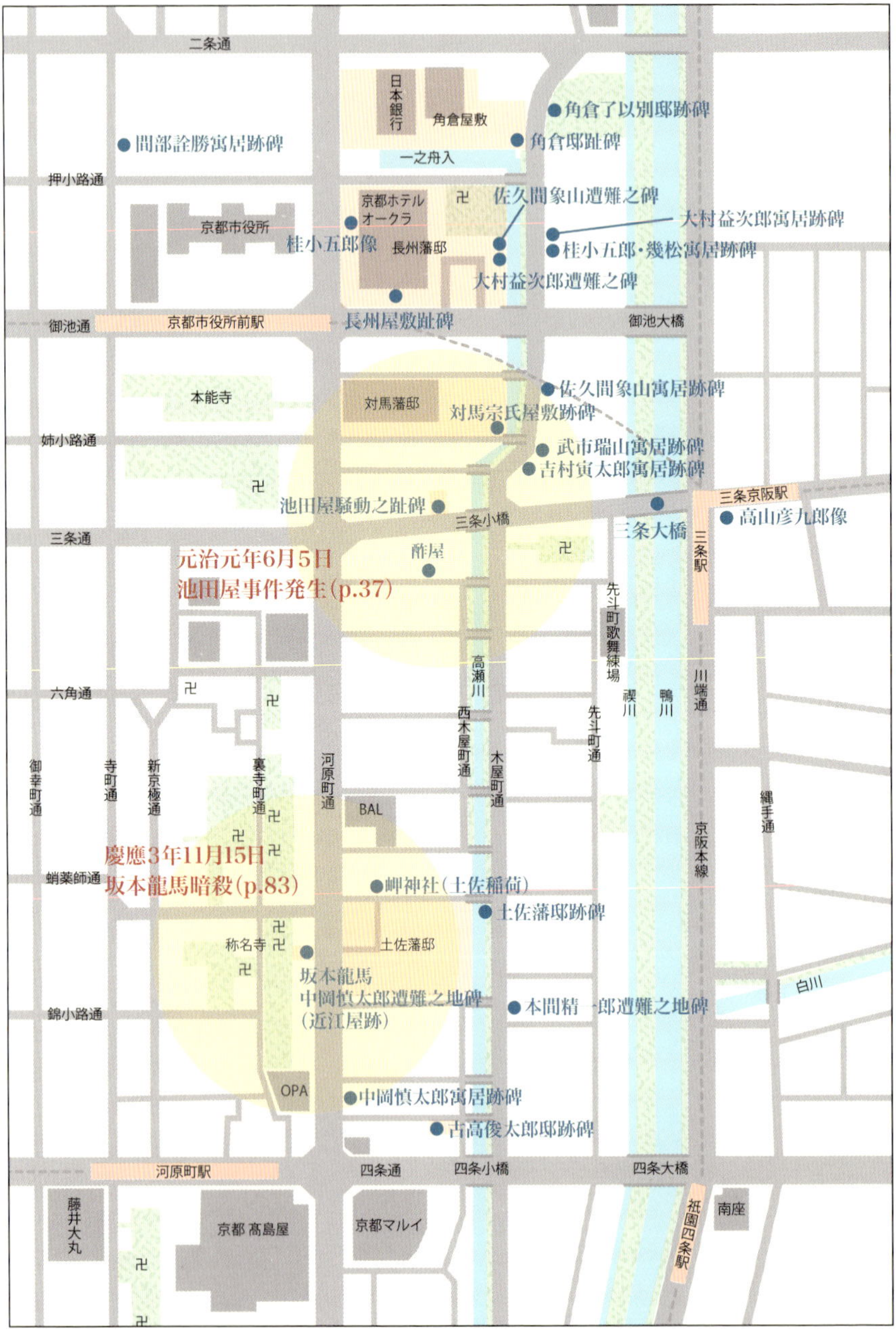

二条通
日本銀行
角倉屋敷
角倉了以別邸跡碑
間部詮勝寓居跡碑
角倉邸趾碑
一之舟入
押小路通
京都ホテルオークラ
佐久間象山遭難之碑
大村益次郎寓居跡碑
京都市役所
桂小五郎像
長州藩邸
桂小五郎・幾松寓居跡碑
大村益次郎遭難之碑
御池通
京都市役所前駅
長州屋敷趾碑
御池大橋
本能寺
対馬藩邸
佐久間象山寓居跡碑
対馬宗氏屋敷跡碑
姉小路通
武市瑞山寓居跡碑
吉村寅太郎寓居跡碑
池田屋騒動之趾碑
三条小橋
三条京阪駅
高山彦九郎像
三条通
三条大橋
三条駅
酢屋
元治元年6月5日
池田屋事件発生(p.37)
先斗町歌舞練場
高瀬川
六角通
禊川
鴨川
川端通
西木屋町通
先斗町通
御幸町通
寺町通
新京極通
裏寺町通
河原町通
木屋町通
BAL
縄手通
京阪本線
慶應3年11月15日
坂本龍馬暗殺(p.83)
蛸薬師通
岬神社(土佐稲荷)
土佐藩邸跡碑
称名寺
土佐藩邸
坂本龍馬
中岡慎太郎遭難之地碑
(近江屋跡)
白川
錦小路通
本間精一郎遭難之地碑
OPA
中岡慎太郎寓居跡碑
古高俊太郎邸跡碑
河原町駅
四条通
四条小橋
四条大橋
藤井大丸
京都 髙島屋
京都マルイ
祇園四条駅
南座

【京都御苑周辺 MAP】

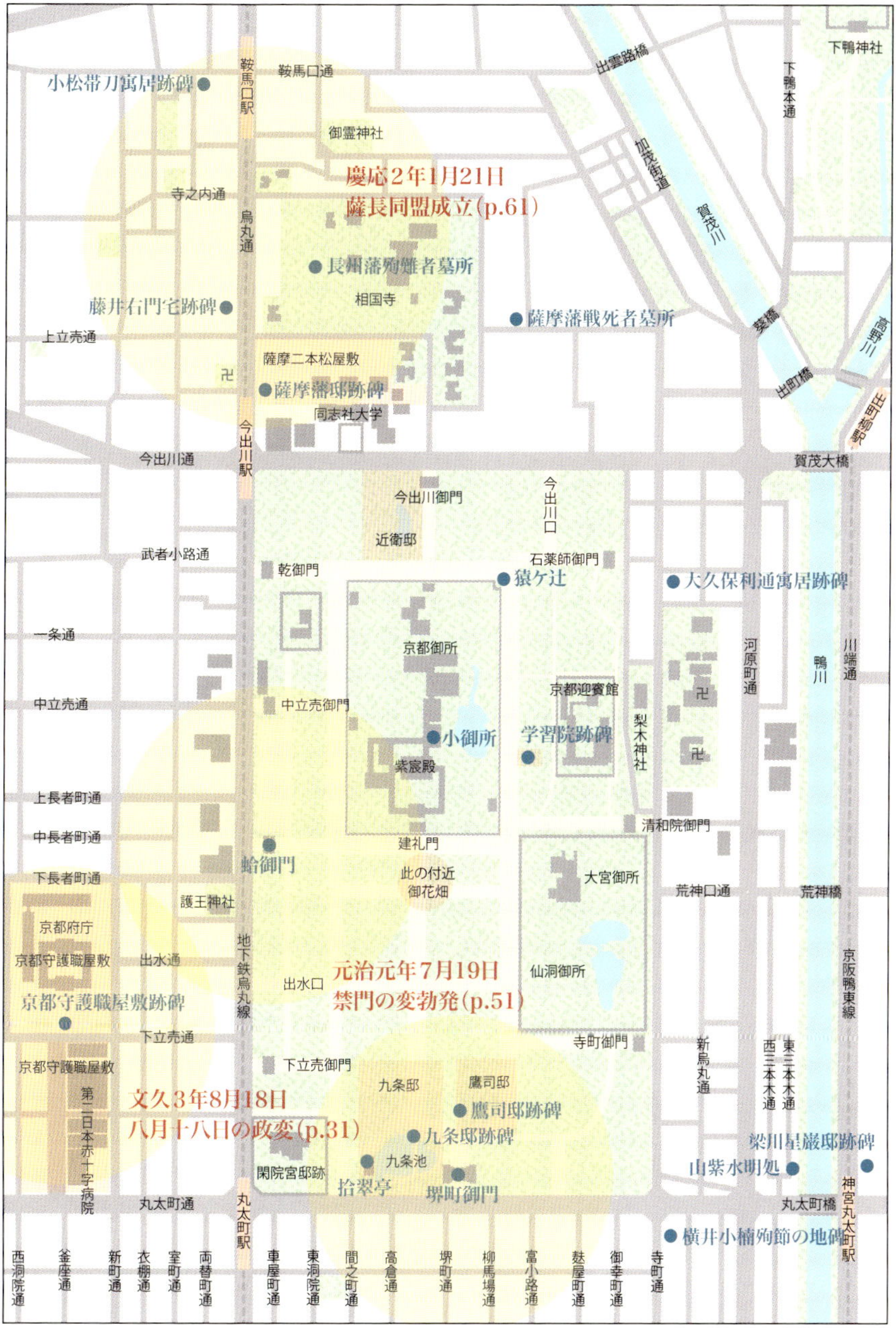

小松帯刀寓居跡碑
鞍馬口駅
鞍馬口通
御霊神社
下鴨神社
出雲路橋
下鴨本通
加茂街道
賀茂川
慶応2年1月21日
薩長同盟成立(p.61)
寺之内通
烏丸通
長州藩殉難者墓所
相国寺
藤井右門宅跡碑
薩摩藩戦死者墓所
葵橋
高野川
上立売通
薩摩二本松屋敷
薩摩藩邸跡碑
出町橋
出町柳駅
同志社大学
今出川駅
今出川通
賀茂大橋
今出川御門
今出川口
近衛邸
武者小路通
石薬師御門
乾御門
猿ケ辻
大久保利通寓居跡碑
一条通
京都御所
河原町通
鴨川
川端通
中立売通
中立売御門
京都迎賓館
梨木神社
小御所
学習院跡碑
紫宸殿
上長者町通
中長者町通
清和院御門
建礼門
蛤御門
下長者町通
此の付近
御花畑
大宮御所
荒神口通
荒神橋
護王神社
京都府庁
京都守護職屋敷
出水通
地下鉄烏丸線
出水口
元治元年7月19日
禁門の変勃発(p.51)
仙洞御所
京阪鴨東線
京都守護職屋敷跡碑
下立売通
寺町御門
新烏丸通
西三本木通
東三本木通
京都守護職屋敷
下立売御門
九条邸
鷹司邸
第二日本赤十字病院
文久3年8月18日
八月十八日の政変(p.31)
鷹司邸跡碑
九条邸跡碑
梁川星巌邸跡碑
九条池
山紫水明処
閑院宮邸跡
拾翠亭
堺町御門
神宮丸太町駅
丸太町通
丸太町駅
丸太町橋
横井小楠殉節の地碑
西洞院通
釜座通
新町通
衣棚通
室町通
両替町通
車屋町通
東洞院通
間之町通
高倉通
堺町通
柳馬場通
富小路通
麩屋町通
御幸町通
寺町通

【壬生周辺MAP】

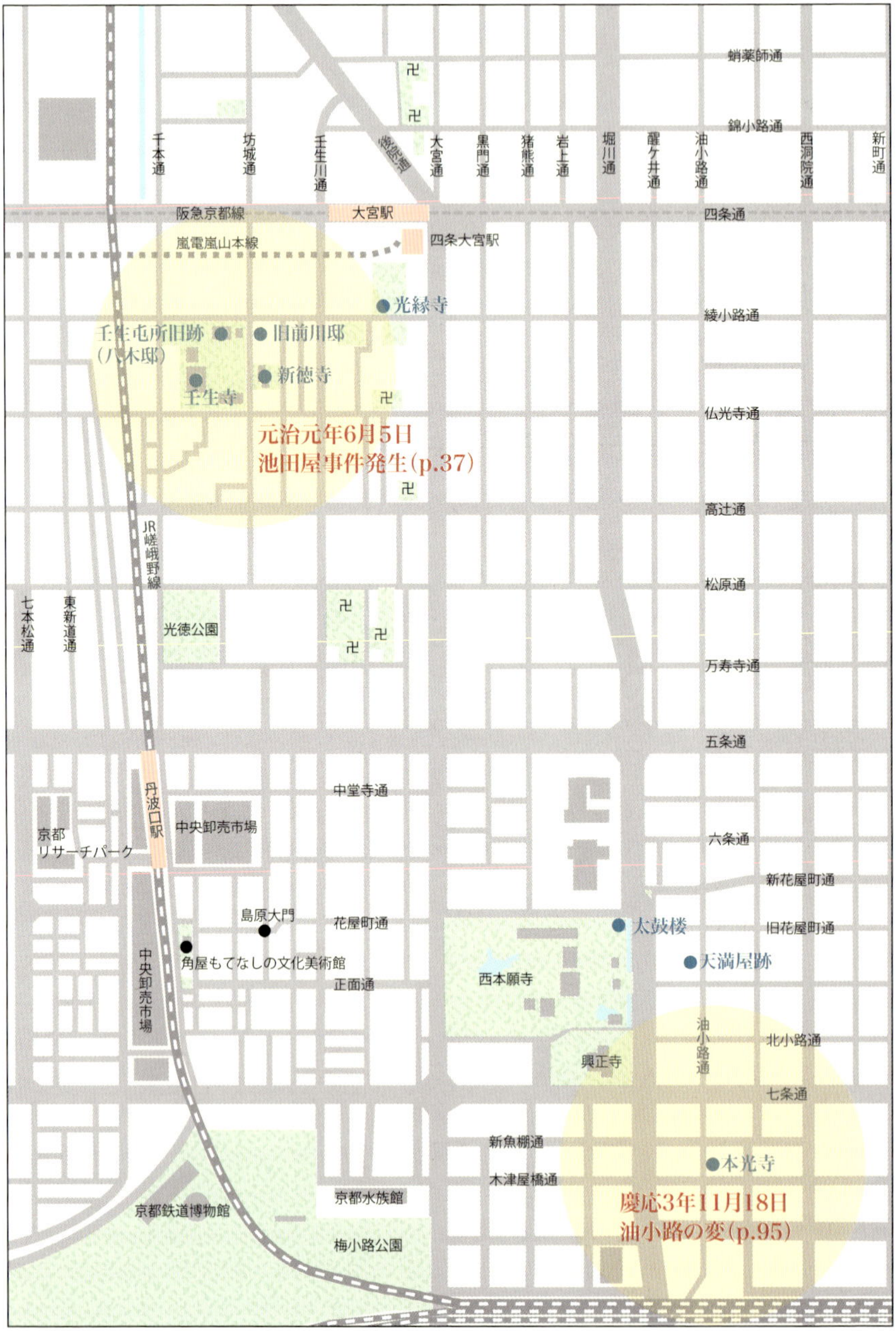
蛸薬師通
錦小路通
千本通
坊城通
壬生川通
後院通
大宮通
黒門通
猪熊通
岩上通
堀川通
醒ケ井通
油小路通
西洞院通
新町通
阪急京都線
大宮駅
四条通
嵐電嵐山本線
四条大宮駅
光縁寺
綾小路通
壬生屯所旧跡（八木邸）
旧前川邸
新徳寺
壬生寺
仏光寺通
元治元年6月5日
池田屋事件発生(p.37)
高辻通
JR嵯峨野線
松原通
七本松通
東新道通
光徳公園
万寿寺通
五条通
丹波口駅
中堂寺通
京都リサーチパーク
中央卸売市場
六条通
新花屋町通
島原大門
花屋町通
太鼓楼
旧花屋町通
角屋もてなしの文化美術館
天満屋跡
正面通
西本願寺
中央卸売市場
油小路通
北小路通
興正寺
七条通
新魚棚通
本光寺
木津屋橋通
京都水族館
慶応3年11月18日
油小路の変(p.95)
京都鉄道博物館
梅小路公園

【二条城周辺 MAP】

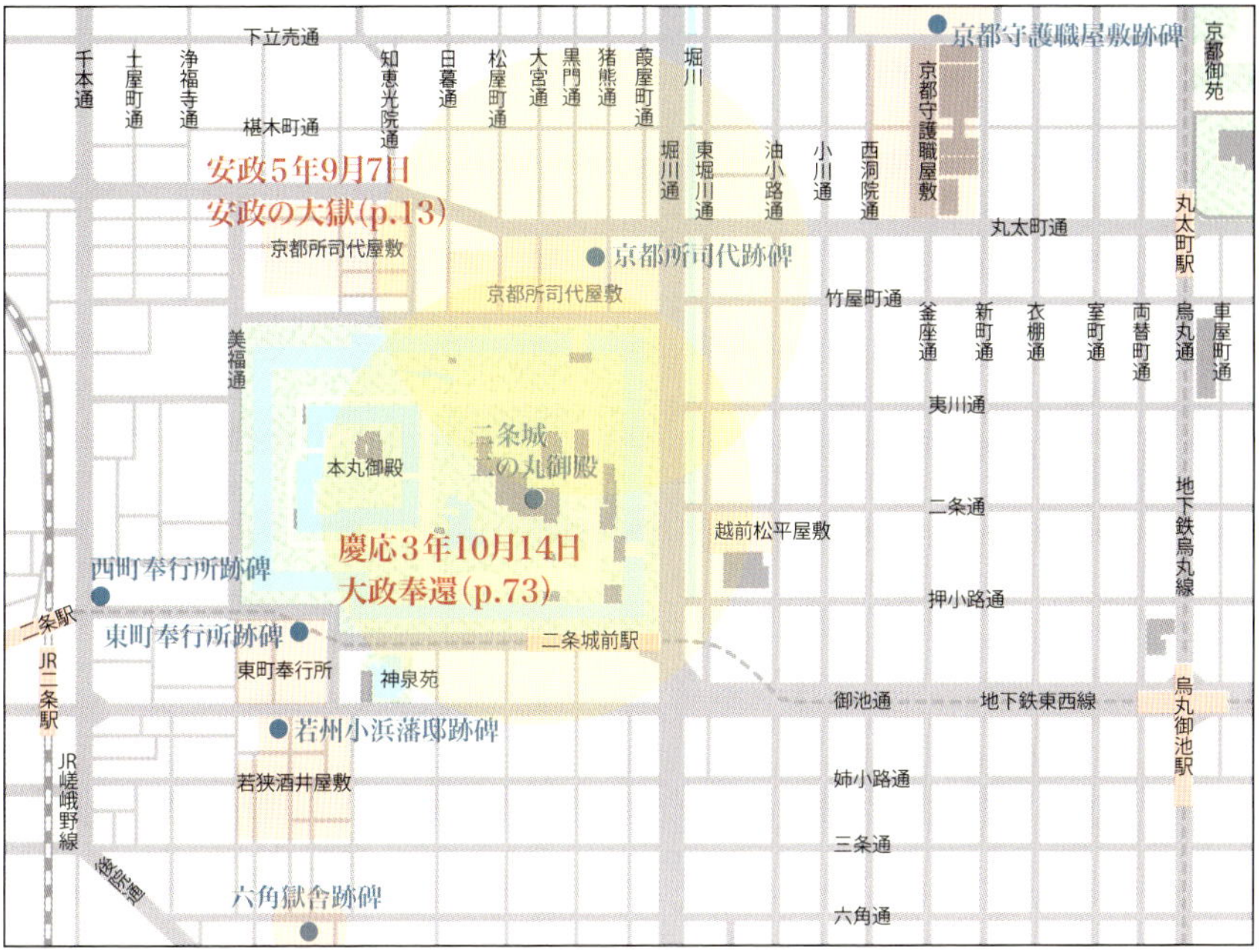

【伏見周辺 MAP】

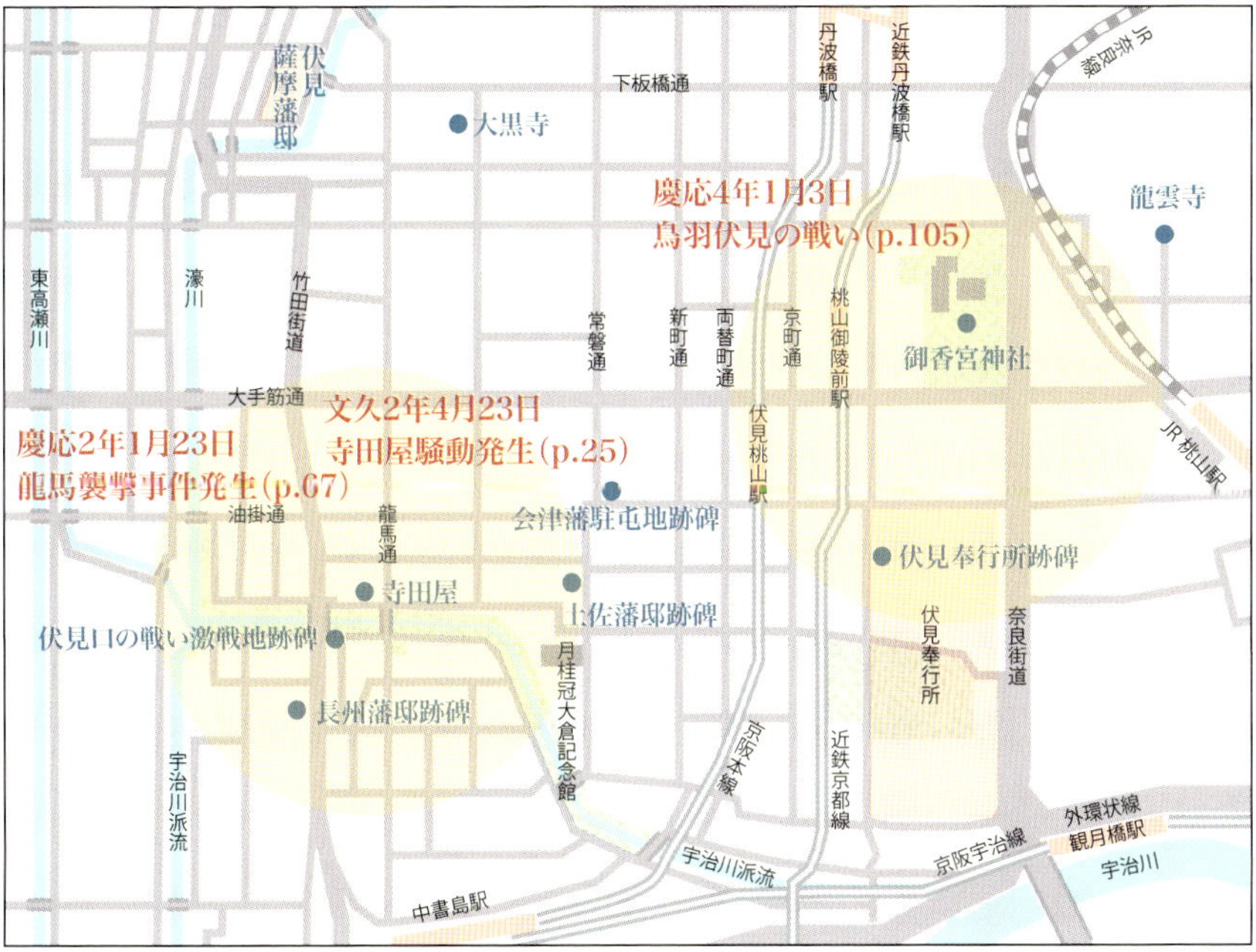

プロローグ　幕末、なぜ京都に政治の表舞台が移ったのか

幕末の動乱は、ペリー来航から始まったというのが一般的な説である。しかし、江戸後期からその導火線には火がついていた。文政年間（1818～1830）には、日本各地の沿岸に外国船が頻繁《ひんぱん》に姿を見せ始めた。文政8年（1825）、幕府はそれらを撃退せよと、「異国船《いこくせん》打払令《うちはらいれい》」を出している。この法令は、日本沿岸に接近する外国船に対して、どのような意図があろうとも打ち払うべし、としていたため、「無二念《むにねん》打払令」とよばれていた。

また天保4年（1833）から数年間、関東や東北地方を中心に猛烈な冷夏がおそい、凶作となった。そして米の値段が暴騰したため農村や都市の貧しい人々は深刻な飢餓に苦しんだ。「天保《てんぽう》の大飢饉《だいききん》」である。飢えた人々は土塀を汁にして飲んだというが、それは土塀に入っている藁《わら》の澱粉質をとろうとしたのだ。

このような大飢饉のなか、全国各地では米の値下げを求めて一揆や打ちこわしが頻発した。天保8年（1837）には大坂町奉行所の元与力である大塩平八郎が反乱を起こした。元幕臣が幕府の政治を非難し、農民に蜂起を訴えるなど前代未聞の事件である。乱は半日で鎮圧され、大塩も自殺したが、幕府の権威失墜を天下にさらす結果となった。さらに大塩に共鳴した越後柏崎の生田万《いくたよろず》の乱なども続発し、幕府への抵抗は強まっていく。

そして同年には「モリソン号事件」も起こった。アメリカのモリソン号が日本人漂流民7名を送り届けようと浦賀に来航し、開国を求めた。これに対して浦賀奉行は、陸から大砲を撃って追い返したのである。モリソン号は非武装の商船であったため、欧米列強の軍事力を知っていた蘭学者の高野長英《ちょうえい》や渡辺崋山《かざん》は、無謀な幕府を批判した。こうした動きに幕府は、長英や崋山ら多くの洋学者を厳しく処罰する。「蛮社《ばんしゃ》の獄《ごく》」である。

その後、権力の再興をめざした幕府は、老中・水野忠邦が「天保の改革」を行った。倹約令を出して贅沢を禁止し、封建的な秩序を回復させるために娯楽も禁止した。商人には物価の引き下げを命じ、価格をつり上げているとして株仲間を解散させて自由な取引を認めた。さらに人返し令で、江戸への流入者を強制的に村に帰らせた。また上地令《あげちれい》を出して江戸・大坂周辺を幕府領とし、かわりに遠方の地を与えようとした。しかし娯楽の禁止は経済を停滞させ、楽しみを奪われた庶民の不満は高まっていった。株仲間の解散は商品の流通を混乱させ、景気はどん底状態になる。上地令も大名や農民の反発により挫折し、天保の改革はわずか2年で失敗に終わった。

幕府は財政難から沿岸防備を強化することもできず、外国船の接近に対しても積極的な対応ができなかった。そして清国《しんこく》がイギリスにアヘン戦争で敗れて香港を奪われると外交政策を修正、異国船打払令を廃止し、「天保の薪水《しんすい》給与令」を出した。これは異国船が来航した場合、薪水と食糧を与えて退去させるというもので、鎖国を維持するための解放策であった。

では、なぜ欧米の列強諸国はアジアの東はずれにある日本に開国を迫る必要があったのだろうか？　それはそのころに始まった産業革命と関係がある。18世紀の後半に産業革命が始まったイギリスでは、ヨーロッパ域内だけでは消費しきれないほどの商品を生産してしまった。そこで大量に生産した商品を売りつけ、資源を安く買える市場の開拓が必要となったのである。

さらにアメリカ、フランスでも産業革命が始まると、我先にと黒船に乗り込み、世界中に市場を求めることになった。また軍事力を背景に後進国を開国させ、植民地にした。日本もその脅威にさらされることになるが、アメリカが幕府に開国を求めた一番の理由は、中国貿易や捕鯨業のために日本近海を往来する自国船が増え、その船の燃料や食糧などの供給地が欲しかったからである。とくに、このころのアジアはコレラが猛威をふるっており、安全な水や食糧を日本に求めたのだ。

そして、ついに幕府の鎖国体制が限界を迎える事件が起こった。嘉永6年（1853）、ペリー提督率いる4隻の黒船が来航し、幕府に開国を迫ったのである。アメリカ艦隊は砲艦外交でフィルモア大統領の国書受け取りを求め、江戸湾内に進入した。江戸の町は大騒ぎになり、幕府は結局、アメリカの強引なやり方に屈し、なにも策がないまま久里浜で国書を受け取ってしまい、回答を翌年に引き延ばすことしかできなかった。ペリーは来年に再来航することを告げて退去した。

さて話を京都に移そう。京都は、古代から中世にかけて首都であり、日本最大の都市であった。そして首都の地位を約1200年にわたって維持し、権力と富と文化を独占的に所有していた。しかし江戸時代には政治の中心地は将軍のいる江戸に移り、経済の中心地は「天下の台所」とよばれる大坂に移っていた。よって中央都市としての役割は低下していたが、それでも諸宗派寺院の本山が集中し、西陣織に代表される高級加工技術を独占していたため、人々のあこがれの都であることに変わりはなかった。

そして幕末、その京都がふたたび政治の中心地になった。諸大名や脱藩浪士たちが集まり、朝廷を動かして幕府に政治改革を迫ろうとしたからである。京都には禁裏御所があり、そのまわりを公家屋敷が取り囲んでいた。

嘉永7年（１８５４）、幕府は再来航したペリー艦隊の圧力に屈して日米和親条約を結んだが、思わぬ副産物がうまれた。それが尊王攘夷《そんのうじょうい》思想で、天皇を尊び、外国人を追い払うという運動につながっていく。それまでの天皇や朝廷は政治に関与できず、幕府のイエスマンにすぎなかった。しかし志士たちは、諸外国に対して弱腰である幕府を倒し、天皇を中心とした強い国家を作らないと外国の植民地になってしまうと危機感をつのらせていくのである。

その後、通商条約による貿易の開始で、京都の経済は大打撃を受けることになった。国内産の良質な生糸《きいと》が主要な輸出品として海外へ大量に流出し、京都への入荷量が大幅に減少したからである。その結果、西陣織業界が傾き、それにつられて京都の経済は大混乱に陥った。当時、フランスの蚕《かいこ》が病気で壊滅的な状態であり、フランスが生糸を貿易に頼っていたことも大きかった。幕府が神奈川・長崎・箱館を開港した翌年の万延元年（１８６０）には、生糸の輸出量は90万斤余りであった。ところが、文久2～3年には２００万斤にはね上がり、それにともなって値段も急激に高騰、文久2年（１８６２）には価格が約2倍になった。そして同3年には3倍になり、慶応3年（１８６７）にはなんと5倍になったのである。

値段が上がったのは生糸だけではなく、諸物価もこれにつられて高騰した。窮地に立たされた京の町衆は、勅許《ちょっきょ》を得ることなく開国した幕府を非難し、攘夷の実行を唱える長州藩に期待した。京の町衆が長州びいきだったのには、このような理由があったのである。

また孝明天皇は大変な異人嫌いで、攘夷の実行を強く望まれていた。そして幕府は失墜した権威を取り戻すために「公武一和」（公武合体）を推進した。天皇（朝廷）と将軍（幕府）が力を合わせて政治を行うことで、内憂外患《ないゆうがいかん》の国難を乗り越えようとしたのである。その公武合体策の一つとして孝明天皇の妹・和宮《かずのみや》が14代将軍の徳川家茂《いえもち》に輿入れすることになった。だが、幕府は和宮降嫁と引き換えに、攘夷の実行を孝明天皇に約束してしまい、窮地に立たされた。その後、倒幕論が持ち上がり、武力討幕派が台頭すると、幕末の動乱はさらに激しさを増していくのである。

安政の大獄

安政の大獄の主な処罰者

区分	人物	処罰
死刑	安島帯刀（水戸藩家老）	切腹
死刑	茅根伊予之介（水戸藩士）	死罪
死刑	鵜飼吉左衛門（水戸藩士・京都留守居役）	死罪
死刑	鵜飼幸吉（水戸藩士・吉左衛門の子）	獄門
死刑	飯泉喜内（三条家家臣）	死罪
死刑	橋本左内（福井藩士）	死罪
死刑	頼三樹三郎（儒学者・頼山陽の子）	死罪
死刑	吉田松陰（長州藩士）	死罪
一橋派	徳川斉昭（水戸前藩主）	国許永蟄居
一橋派	徳川慶篤（水戸藩主）	登城停止
一橋派	一橋慶喜（一橋家主）	隠居・謹慎
一橋派	山内豊信（容堂・土佐藩主）	隠居・謹慎
一橋派	徳川慶恕（慶勝・尾張藩主）	隠居・謹慎
一橋派	松平慶永（春嶽・福井藩主）	隠居・謹慎
禁裏	青蓮院宮	隠居・謹慎・永蟄居
禁裏	鷹司政通（前関白）	隠居・落飾・謹慎
禁裏	三条実万（前内大臣）	隠居・落飾・謹慎
禁裏	近衛忠熙（左大臣）	辞官・落飾
禁裏	鷹司輔熙（右大臣）	辞官・落飾・謹慎
獄中死など	月照（清水寺成就院僧侶）	自殺
獄中死など	信海（月照の弟）	獄中死
獄中死など	近藤正慎（清水寺寺侍）	獄中自殺
獄中死など	梅田雲浜（元小浜藩士）	獄中死
獄中死など	梁川星巌（詩人・志士）	逮捕直前に死亡

◆大弾圧の始まり◆

安政5年（1858）、国内の政治は「将軍継嗣《けいし》問題」と「通商条約の勅許《ちょっきょ》問題」で大揺れに揺れていた。

ペリー来航で国内は騒然となり幕藩体制は危機を迎えていたが、13代将軍の徳川家定《いえさだ》は病弱で知的障害もかかえていたという。そこで将軍の生前から後継者問題が取りざたされ、薩摩藩主の島津斉彬《なりあきら》は、水戸前藩主・徳川斉昭《なりあき》の子である一橋慶喜《よしのぶ》（のちの徳川慶喜）を将軍の後継者にしようと斉昭や福井藩主の松平慶永《よしなが》（春嶽《しゅんがく》）らと画策していた。老中の阿部正弘も慶喜擁立派（一橋派）だったが、保守的だった譜代大名や大奥は、紀州徳川家の慶福《よしとみ》（のちの家《いえ》茂《もち》）を推していた。

このころ、島津斉彬の養女だった篤姫《あつひめ》が家定に輿入《こしい》れすることになるが、外様《とざま》大名の娘では御台所《みだいどころ》（将軍の正妻）になるには身分が足らず、さらに五摂家の筆頭である近衛《このえ》家の養女になった。ちなみに篤姫が家定に輿入れしたのは斉彬が仕組んだ政略結婚だといわれていたが、じつは輿入れの6年も前に徳川家の方から打診があったのである。嘉永3年（1850）、徳川家祥《いえさち》（家定）の御台所候補を探していた徳川家は、島津家に年ごろの娘がいないか問い合わせていた。

薩摩藩主・島津斉彬

安政4年（1857）6月、一橋派だった老中の阿部正弘が39歳の若さで病死し、一橋派の前には暗雲が立ち込めることになる。それに慶喜の実父である徳川斉昭は大奥の縮小を推進した人物だったので大奥からきらわれていた。そして政敵である慶福擁立派（南紀派）が大奥を味方につけてしまう。そこで逆転をねらった一橋派は、朝廷から慶喜を将軍継嗣とする勅《ちょく》命《めい》を得ようとし、福井藩士の橋本左内《さない》や薩摩藩士の西郷吉之助（隆盛）は京都を奔走した。

次に「通商条約の勅許問題」に話を移そう。幕府は嘉永7年（1854）3月、日米和親条約に調印した時は、従来のように独断で判断し、朝廷には事後報告のみであった。ところが日米修好通商条約の時には、調印の前に勅許（天皇の許可）を得た方が得策と考えた。なぜなら水戸前藩主で幕政参与の徳川斉昭などが強硬な攘夷《じょうい》論を唱え、調印に反対していたからである。

そこで老中の堀田正睦《まさよし》が条約の勅許を得るために京都に送り込まれたが、朝廷はすぐには承諾しなかった。橋本左内は将軍継嗣の勅命獲得と同時進行で、上洛中の堀田老中に接触した。通商条約の勅許獲得に協力をするかわりに、堀田には慶喜の継嗣を斡旋《あっせん》させたのである。そして朝廷が堀田に、将軍継嗣は「英傑、人望、年長の三条件をもって選べ」と通達する手はずになっていた。おさない慶福よりも、英傑で人望がある慶喜を選べというのである。

堀田は関白の九条尚忠《ひさただ》を味方につけ、通商条約について「外夷《がいい》の処置一切関東御委任」（外国のことは幕府に一任する）という勅命案を作った。しかし、これは岩倉具視《ともみ》など下級公家の反対運動（廷臣八十八卿列参事件）によってつぶされてしまう。そして朝廷は、「条約については幕府の独断で決めず、徳川御三家や諸大名とよく話し合って決めよ」と通達した。とことん

橋本左内

拾翠亭（MAP・5頁）
京都御苑内にある九条関白邸の遺構。庭園と拾翠亭という茶室が残っている。九条邸の東には鷹司邸があった。

まで話し合った上で、天皇の許しを乞えというのである。これは、それまでの朝廷と幕府の力関係をくつがえす前代未聞のできごとであった。

条約の勅許を得られなかった堀田は、失意のまま江戸へ帰っていく。堀田の失脚後に大老となった井伊直弼《なおすけ》は勅許を得ずに日米修好通商条約に調印した。南紀派の井伊が大老になったことで、一橋派の擁立運動も風前の灯火《ともしび》となる。

◆◆ 安政5年9月7日 ◆◆

この事態に薩摩藩主の島津斉彬は、御所の守護を理由に藩兵5千名を率いて上洛し、朝廷から慶喜継嗣の勅命を得ようと決意する。同じころ、勅許を得ずに日米修好通商条約に調印した井伊大老に激怒した徳川斉昭や水戸藩主・徳川慶篤《よしあつ》、松平慶永（春嶽）、尾張藩主・徳川慶恕《よしくみ》（のちの慶勝）は江戸城へ抗議に行った。しかし井伊は登城日でないのに登城したと彼らに隠居・謹慎、登城停止を言い渡し、さらに将軍継嗣を紀州の慶福に決定したと発表した。

そのころ、薩摩藩士の西郷吉之助（隆盛）は大坂の藩邸で斉彬上洛の準備を進めていたが、ひそかに京で勤王詩人の梁川星巌《やながわせいがん》と政情について話し合った。星巌は勅許なしに調印した幕

大老・井伊直弼

梁川星巌

府に悲憤慷慨《ひふんこうがい》しており、ついに決心した西郷は斉彬に率兵上洛されたしと伝令を送る。しかし、斉彬は上京する兵をみずから調練していて倒れ、瀕死の状態だった。そして発病してから、わずか12日で急死してしまったのである。死因はコレラだといわれていたが、近年ではみずからが錦江湾で釣った魚を食べたことによる食中毒(腸炎ビブリオ)説が有力になっている。

同じころ、水戸藩士や水戸藩と深い関係を持つ薩摩藩士が西郷とは別の方法で幕府に圧力をかけようとしていた。幕府の独裁政治を批判し、幕政改革を迫る密勅《みっちょく》を水戸藩に下そうとしたのである。西郷もこの計画に希望を見出した。そして薩摩藩と深いつながりを持つ公家の近衛《このえ》忠熙《ただひろ》から水戸藩主宛の手紙を託された西郷は江戸へ向かった。しかし幕府の監視の目は厳しく、水戸の藩論も幕府に恭順か否かで割れており、西郷はこの密書を届けることができなかった。だが密勅は別ルートで水戸藩に下された。これが「戊午《ぼご》の密勅」である。その内容は「今後は幕府と諸大名が協議して政治を行うように」というものであった。

しかし、この密勅は逆効果となる。幕府の態度をより一層硬化させる結果となり、大弾圧のきっかけとなった。「安政の大獄」が始まるのである。

井伊大老は水戸藩が朝廷と組んで幕府に謀反《むほん》をくわだてているとし、老中の間部《まなべ》詮勝《あきかつ》を上洛させた。間部はあらたに京都所司代に任命された酒井忠義《ただあき》と協力し、密勅に関わった人物を徹底的に弾圧していく。これは表の動きであり、裏では井伊の側近である長野主膳《しゅぜん》が指揮をとり、九条家の家臣・島田左近《さこん》が暗躍した。

安政5年（1858）9月7日、元小浜藩士の梅田雲浜《うんぴん》が京都で捕らえられた。これが大獄による逮捕者第1号だというのが定説だが、その2日前には密勅を仲介したとして志士の近

間部詮勝寓居跡碑
（MAP・4頁）
間部は長州藩邸の西に位置していた妙満寺を寓居としていた。

京都所司代跡碑
（MAP・7頁上）
二条城の北に位置し、周辺には所司代関係の屋敷が建ち並んでいた。

東町奉行所跡碑
（MAP・7頁上）
二条城の南に東町、西には西町奉行所があった。

藤茂左衛門が中山道の大津宿で捕縛《ほばく》されている。よって近藤が逮捕者第1号だという説もある。ちなみに「安政の大獄」は明治以降に定着したよび名で、当時は「飯泉喜内《いいずみきない》初筆一件」や「戊午の大獄」とよばれていた。飯泉喜内は三条家の家臣で、幕政を批判して捕らえられた一橋派の志士である。

西郷は雲浜逮捕の情報を同志だった勤王僧の月照《げっしょう》から聞いた。月照は清水寺成就院《じょうじゅいん》の住職だった人物だが、戊午の密勅に尽力したことから、追われる身となる。

そこで西郷は月照を薩摩にかくまおうとし京を脱出した。2人は薩摩まで逃げたが、島津斉彬亡き後の薩摩藩は、月照を保護しようとはしなかった。絶望した西郷と月照は、冬の錦江湾に飛び込んで入水自殺をはかる。月照は死に、西郷は奇跡的に一命をとりとめた。西郷の処遇にこまった薩摩藩は、西郷を奄美大島に潜居《せんきょ》させたが、このことによって幕府の追求から逃れることができた。

◆井伊直弼、反対派を一掃する◆

また病死によって捕縛をまぬがれた人物もいた。それが美濃国安八郡（岐阜県大垣市）出身

小浜藩邸跡碑（MAP・7頁上）

若州小浜藩主・酒井忠義は京都所司代をつとめ、この藩邸は幕府の活動拠点となった。将軍・徳川慶喜が大政奉還を構想した場所でもある。二条城のすぐ南に位置する。

の勤王詩人・梁川星巌である。星巌は尊王攘夷論者としての顔も持ち、彼の住居である「鴨《おう》沂小隠《きしょういん》」には梅田雲浜や頼三樹三郎《らいみきさぶろう》、吉田松陰《しょういん》、春日潜庵《せんあん》らがやってきて密議が行われた。星巌は同志とはかって、戊午の密勅を水戸藩に降下させたのである。そのことにより捕縛対象者となったが、志士の逮捕が開始される数日前にコレラで亡くなった。詩人だけに「詩（死）に上手」といわれたという。やがて大獄が始まると、同志は捕縛され、妻の紅蘭もとらわれの身となった。幕吏は星巌の死を信用せず、厳しくその所在を追求したが、葬儀で読経した僧侶にまで確認して、やっとその死を認めたという。

その後も弾圧は激しさを増していき、尊王攘夷派の志士はもちろんのこと御三家をふくむ一橋派の大名、皇族、公家やその家臣、そして井伊の政敵だった開明派の幕臣にまでおよび、1年以上も続いた。橋本左内は開国論者であったが、一橋派として奔走したとして斬罪となった。切腹1名、死罪6名、獄門1名、獄死9名など100名以上が処罰されたが、前代未聞の広範囲で、なおかつその処分の厳しさは前例のないものだった。

このように井伊直弼は反対派を一掃し、幕府の権威を見せつけたが、尊王攘夷派の激派から命を狙われることになる。

とくに水戸藩は幕府よりも先に密勅が下されたため、厳しい処罰を受けた。密勅に関わったとして家老の安島帯刀《あじまたてわき》が切腹、茅根伊予之助《ちのねいよのすけ》と鵜飼吉左衛門《うかいきちざえもん》が死罪、吉左衛門の子・鵜飼幸吉が獄門となった。幕府は密勅を朝廷に返上するように命じたが、水戸藩は返上に賛成する「鎮派」と返上に反対する「激派」に分裂して激しく対立した。幕府がさらに強硬な態度をとると、鎮派である藩の首脳たちは激派の弾圧に乗り出した。その結果、激派の一部が脱

梁川星巌邸（鴨沂小隠）跡碑
（MAP・5頁）
鴨川をはさんだ向い側に頼山陽の山紫水明処（写真左）が現存している。

藩し、直弼の暗殺を決意したのである。

安政7年（万延元年・1860）3月3日、「桜田門外の変」が起こった。関鉄之介を中心とする水戸脱藩17名と薩摩浪士・有村次佐衛門の合計18名が、江戸城の桜田門にさしかかった登城中の井伊の行列を襲撃した。彦根藩の行列は徒士《かち》26名と足軽、駕籠《かご》かきなど総勢約60名だったが、浪士たちは大名行列の見物を装って不意をついた。

その日は大雪で視界が悪く、護衛の者はみな雨合羽《あまがっぱ》をはおっており、刀は雪でぬれないように柄《つか》と鞘《さや》に袋をかぶせていた。そのため、みな剣の達人だったが反撃が遅れたのである。井伊も居合の達人であったが、銃で腰を撃たれて立ち上がれず、あっけなく暗殺されてしまった。浪士たちは駕籠の外から何度も刀を突き刺し、薩摩の有村が井伊を引きずり出して首をはねた。そして刀の切っ先にその首を突き立てて引き上げたが、これは殺害の証拠作りであり、幕府の暗殺隠蔽《いんぺい》を阻止するためだった。

襲撃はわずか10数分で、井伊側は即死が4人、重傷を負った4人がのちに亡くなった。襲撃した浪士側は闘死が1人、自刃が4人、自首が8人で、ほかの者は逃亡したが、その後に自刃したり、捕縛後に斬首された。幕府は井伊の暗殺を約1か月隠していたが、民衆の間には暗殺のうわさが広がっていった。幕府の最高権力者が江戸城の目前で白昼に暗殺されたことは幕府の権威を失墜させた。

水戸浪士たちはこの襲撃は幕政の改革を望むものであって敵対ではないと「斬奸趣意書《ざんかんしゅいしょ》」を書いた。趣意書の写しは志士の間で回し読みされたが、これを読んだ志士はこの「正義の行使」に奮起し、自分もなにかができると感じたことだろう。

桜田門外の変・錦絵（部分）

江戸中期の尊王家弾圧　竹内式部と宝暦事件

ペリー来航の94年前である宝暦9年（1759）、京都で勤王家の弾圧事件が起こった。処罰されたのは竹内式部《たけのうちしきぶ》である。

彼は越後国の医者の子として生まれたが、京都で徳大寺大納言家に仕えた。そして垂加《すいか》神道を学ぶとその魅力に取りつかれ、天皇が幕府によって軽視されている状況を憂《うれ》い、尊王論を唱えた。

式部は私塾で軍学も講じ、800名にもおよぶ弟子を抱えたが、そのなかには中小の若い公家たちがたくさんいた。式部の尊王思想に心酔した若い公家たちは、ついに武芸の稽古を行う騒ぎを起こすこととなる。さらに弟子の公家たちが、式部の学説を桃園天皇に進講しようとしたため、これを苦々しく思った関白や左大臣ら上級公家の長老たちが京都所司代に取り締まりを求める事態へと発展した。また吉田神道の吉田家も、式部の処分を求めたため、式部は山城国（京都）から追放されることとなった。これが「宝暦事件」である。

式部は保守派長老たちの中小若手公家ら弾圧の巻き添えをくう形で京都を去ったのだ。

式部は山城はもちろん、「丹波、丹後、摂津、和泉、河内、近江、大和、武蔵、相模、上野、下野、安房、上総、下総、常陸、甲斐、東海道筋、木曽街道筋、駿河、越後、肥前」への入国も禁じられた。そして8年後、さらなる災いに巻き込まれることになる。それが「明和事件」である。

江戸中期の尊王家弾圧　藤井右門と明和事件

「明和事件」のきっかけをつくったのは尊王思想家の藤井右門である。

右門は「宝暦事件」で京都から追放される前の竹内式部に学び、皇学所教授となり尊王論を説いた。そして式部が追放されると、巻き添えとなることを恐れて京を離れたが、それまでの20年間を京都ですごした。その後、江戸へ出て山縣大弐《やまがただいに》の居候兼門人となる。大弐は尊王の志《こころざし》が高く、私塾を開いて儒学や軍学を教えていたが、その塾には時勢をなげく彼の激しい論説に魅《み》せられた若者であふれかえっていたという。

だが幕政批判や、あまりに過激な尊王思想に江戸の奉行も警戒を強める結果となり、明和3年（1766）、大弐は捕縛され、翌年に死罪となった。また右門も捕えられたが、右門は具体的に江戸城への攻撃についても語っていたため、極刑の獄門（磔《はりつけ》）で処刑された（獄中での病死説もある）。大弐は44歳、右門は48歳だった。この「明和事件」のとばっちりを受けたのが、竹内式部である。

右門らが死罪になった時、「彼らとはかり、幕府に対して軍事行動を準備した」として関与を疑われ、式部も捕えられた。式部に罪はなかったが、八丈島に遠島となった。しかしその船中で持病が悪化し、途中、三宅島に着いたときには亡くなっていたという。57歳だった。

3人の尊王家は非業の死をとげることになったが、維新後に高い評価を受け、死後120年以上経ってから、明治政府より「正四位《しょうしい》」を贈られた。

藤井右門邸跡碑（MAP・5頁）
旧宅の東側すぐに薩摩藩の二本松屋敷があり、西郷隆盛や大久保利通ら志士の集会場所として活用された。藤井右門の曾孫である藤井九成は岩倉具視と親しく、倒幕に尽力し、志士らの使者をつとめた。

高山彦九郎と尊号一件

「寛政の三奇人」の一人として知られている高山彦九郎は、その生涯で何度も京都を訪れている。

彦九郎は上野国新田郡（現・群馬県太田市）の名主の子として生まれたが、13歳で『太平記』に出会って南朝の悲話に悲憤慷慨《ひふんこうがい》し、自分の先祖が南朝方の新田氏につながるのを知ると、それ以来、熱心な尊王思想を持つようになった。そして18歳の時、ついに天皇のいる京へむかった。三条大橋を渡って京へ入ると感極まって皇居に向かって平伏したが、京阪電鉄「三条駅」前に建つ銅像はそのときの姿をあらわしている。

京では荒れはてた御所を見て涙を流し、天皇の復権のために人生を捧げることを誓った。その後、全国を歩いて尊王論を説くが、彦九郎は「尊号一件」に心を痛めることになる。

これは時の天皇である光格天皇が実の父である閑院宮典仁親王に太上天皇（上皇）の尊号を贈ろうとしたことに始まる。

これに老中の松平定信は反対し、憤《いきどお》りを感じた彦九郎は九州へ遊説の旅に出発する。結局、天皇や公家たちは朝議を開いて尊号贈与を強行することを決めたが、松平定信はこれを推し進めた公家を処罰し、天皇も苦渋の末に断念した。

九州で遊説中だった彦九郎は薩摩藩に期待するが、薩摩は動かなかった。彦九郎は絶望し、寛政5年（1793）、筑後国久留米の友人宅で自害した。47歳だった。

彦九郎の尊王論はその後、幕末の志士に大きな影響を与え、とくに吉田寅次郎（松陰）は彦九郎の思想に心酔し、松陰の号は彦九郎の諡《おくりな》からとったという。

高山彦九郎銅像（MAP・4頁）

京阪電鉄「三条駅」前に建つ。その顔はとても18歳とは思えない鬼気迫る表情である。

蒲生君平と『山陵史』

蒲生君平は「寛政の三奇人」の一人である高山彦九郎同様、京都に深い縁《ゆかり》がある。今の京都市左京区岡崎入江町に住んでいた国学者で歌人の小沢蘆庵《ろあん》の離れに居候し、大作『山陵史』に挑んだからだ。

『山陵史』は全国の天皇陵についての歴史と現状について記述したものであるが、結果的に歴代天皇陵の荒廃を世に知らしめて、尊王論をあおる結果となった。現在、「前方後円墳」とよばれる古墳の形状があるが、これは君平が「前方後円」と表記したことに由来する。

君平は明和5年（1768）に下野国宇都宮の油商の四男として生まれた。17歳のころ、祖母から自分の祖先が会津藩主だった蒲生氏郷だという話を聞き、先祖に恥じない立派な学者になろうと決意し以降、蒲生姓を用いるようになったという。また塾で『太平記』を読み、楠木正成や新田義貞の忠君精神に感動して尊王思想を強めた。

その後、多くの有識者に学んだ君平は、水戸学の尊王攘夷思想にも多大な影響を受けた。そして西洋列強の脅威に対して海防論者となり、「不恤緯《ふじゅつい》」を著した。しかし幕府の若年寄に献上したことが仇《あだ》となり、謹慎させられることになる。

その後、天皇陵の研究を思い立った君平は、寛政12年（1800）32歳の時、旅に出て天皇陵の多い京都へやってきた。君平は著作に没頭し、享和元年（1801）に大著『山陵史』は完成した。これは、のちに尊王攘夷の志士たちに大きな影響を与えたが、君平の人生は常に貧困との戦いであった。

蒲生君平先生仮寓御趾
蒲生君平が仮寓した小沢蘆庵宅址に建つ。

寺田屋騒動

鎮撫使 × 激派

激派

薩摩藩

（○は幹部）

○有馬新七
○柴山愛次郎
○田中謙助
弟子丸龍助
西田直五郎
○橋口壮介
橋口吉之丞
――寺田屋で闘死

森山新五左衛門――重傷を負い、翌日切腹

山本四郎――帰国命令を無視して自刃

西郷信吾（従道）――西郷隆盛の弟

大山弥助（巌）
三島通庸
篠原国幹
――薩摩に送還され謹慎処分

など

他藩士

真木和泉――久留米藩に引き渡される

田中河内介父子
千葉郁太郎（河内介の弟）
中村主計（島原藩）
海賀宮門（秋月藩）
――薩摩への護送中に船内で斬られ、海に捨てられた

など

鎮撫使

薩摩藩士

奈良原喜八郎（繁）・大山格之助（綱良）
森岡清左衛門（昌純）・江夏仲左衛門・鈴木勇右衛門
鈴木昌之助（勇右衛門の息子）・道島五郎兵衛
山口金之進・上床源助（勇右衛門の部下）

◆島津久光、兵を率いて上洛する◆

文久2年（1862）3月、薩摩藩主・島津茂久《しげひさ》の実父である島津久光《ひさみつ》が兵を率いて上洛するため鹿児島を出発した。「公武一和（公武合体）」を推進するためだった。

話は少しさかのぼるが、桜田門外の変によって幕府の権力は衰退し、西洋列強諸国の圧力が増すなか、公武合体論が急激に浮上していく。朝廷（公）と幕府（武）が力を合わせて政局の安定をはかろうというのである。

そこで幕府は孝明天皇の異母妹・和宮《かずのみや》を15代将軍の徳川家茂《いえもち》に降嫁《こうか》させようとした。和宮を家茂の御台所《みだいどころ》（正妻）にすることによって、開国か攘夷《じょうい》かで対立してきた幕府と朝廷の関係を修復し、さらに朝廷の権威を利用して尊王攘夷派の反幕運動をおさえようと考えたのである。幕府から和宮降嫁の申し出を受けた朝廷側でも、侍従の岩倉具視《ともみ》を中心とする公家が「幕政への影響力を強めるチャンス」と考え、積極的に降嫁を推し進めた。

しかし、大変な異人嫌いだった孝明天皇は、西洋列強と通商条約を結んだ幕府に激怒していて、この申し出に難色を示した。それでも幕府による再度の要請と、岩倉らの画策により孝明天皇は「攘夷の実行」と「鎖国体制の復活」を条件に許可した。だが、これは条約を結んでしまっていた幕府にとっては無理難題だった。幕府はやむを得ず7年から10年以内に条

岩倉具視

約の引戻か攘夷の実行を約束するが、実行不可能なことは明らかで、窮地に立たされていく。

文久2年1月15日、老中の安藤信正が水戸浪士ら6人の志士によって江戸城の坂下門外で襲撃されるという事件（坂下門外の変）が起こる。駕籠《かご》の外から背中を刺された安藤は足袋のまま門のなかに逃げ込み軽傷ですんだが、この事件の3か月後に老中を罷免《ひめん》された。安藤は公武合体の一環として和宮降嫁を推進したことから尊王攘夷派の反発を招いていたのである。将軍家茂と和宮の婚姻を1か月後にひかえた時期だった。

文久2年4月23日

そんな混乱が続く文久2年（1862）4月、島津久光は、公武合体をめざして幕府に改革を迫ろうと、千名の藩兵を率いて上洛した。これは久光の兄・島津斉彬《なりあきら》の遺志の実現だった。ただ、藩主でもない久光が兵を率いて、幕府の意向をまったく無視し、朝廷工作のために京都に上るなど異常な行為で、志士らが興奮したのも当然である。

この時、薩摩藩の尊攘急進派だった有馬新七らは、佐幕派の関白・九条尚忠《ひさただ》と京都所司代・酒井忠義《ただよし》（小浜藩主）を殺害し、孝明天皇から攘夷の勅命《ちょくめい》をとりつけて千名の兵力を討幕攘夷

和宮降嫁を伝える錦絵（部分）

の軍にしようと計画した。また安政の大獄で幽閉中だった青蓮院宮《しょうれんいんのみや》を救い出して、討幕の詔《しょう》勅《ちょく》をいただこうとした。この計画に、長州藩家老の浦靭負《うらゆきえ》や久坂玄瑞《くさかげんずい》は100名以上の兵を用意し、土佐の吉村寅太郎《とらたろう》も出撃準備を進めていたという。

これに対して久光は急進派の暴発をおさえようと、文久2年（1862）4月23日、鎮撫使《ちんぶし》を派遣した。その日は決起の当日だった。

久光の命を受けた奈良原喜八郎《ならはらきはちろう》（繁）ら鎮撫使9名は、みな示現流《じげんりゅう》の剣の達人で、有馬らと親しい友人同士だった。寺田屋では30名以上が挙兵の準備を進めていた。鎮撫使は、幹部の有馬新七、田中謙助、柴山愛次郎、橋口壮介を1階によび出し、挙兵の中止を伝えたが、拒絶されたため斬り合いになる。まず鎮撫使の道島五郎兵衛が「上意！」の一声とともに田中の眉間を割った。田中はよけきれずに斬られ、眼球が飛び出して倒れた。また柴山も、鎮撫使の山口金之進に「チェスト！（薩摩弁でエイ！）」というかけ声とともに肩から左右にV字に斬られ、首をはね飛ばされた。この時、有馬新七は抜刀して道島五郎兵衛と渡り合ったが、刀が折れてしまったために両手を広げて道島に組みつき、壁際に押さえつけた。そこで有馬は弱冠20歳の橋口吉之丞（橋口壮介の弟）に「橋口、オイ（俺）ごと刺せ！　オイごと刺せ！」とさけんだ。橋口は有馬の身体ごと道島に刀を突き刺し、その刀は壁まで達して2人は絶命した。また2階にいた弟子丸龍助は1階の騒ぎに気づき、階段をおりてきたところを大山格之助（綱良）に腰を斬られて倒れた。寺田屋騒動は同志による壮絶な斬り合いだった。

これ以上の斬り合いは無意味だと判断した鎮撫使の奈良原は、刀をすてて上半身裸となり2階に駆け上がった。そして急進派の前に座り、説得を開始した。血気さかんな一同も、真《ま》

寺田屋（MAP・7頁下）
寺田屋のほど近くには、かつて船着き場があり、ここから淀川を経て、大坂、瀬戸内に船で移動することができた。坂本龍馬もここを定宿にしていた。

木《き》和泉《いずみ》や田中河内介によって鎮められ、薩摩藩邸に連行された。

同士討ちの悲劇

急進派は切腹や自刃など9名の犠牲者を出し、有馬ら9人の墓は寺田屋から北に600メートルほどはなれた大黒寺に葬られた。後年、西郷吉之助（隆盛）がその墓碑銘を揮毫《きごう》している。鎮撫使は1名が闘死、1名が重傷を負ったが、道島の遺体は東福寺の塔頭《たっちゅう》である即宗院に埋葬された。この事件によって急進派の挙兵計画は未遂に終わり、薩摩藩は公武合体派が主力となる。

このような処分を断行した久光は天皇や公武合体派の公家たちから信任を得た。そして5月22日、天皇の使いである勅使《ちょくし》・大原重徳《しげとみ》を護衛して江戸へ向い、幕府に改革を要求した。久光は朝廷の権威を後盾に、安政の大獄で失脚していた一橋慶喜《よしのぶ》を将軍後見職に、松平春嶽《しゅんがく》を政事総裁職に任命させ、復権させたのである。そのほか、さまざまな改革を断行させたが、これらを「文久の改革」という。外様大名が幕閣の人事に口出しするなど、以前は考えられないことだったが、桜田門外や坂下門外の変で権威が低下していた幕府は、久光と朝廷からの改革案を拒絶できなかったのだ。

大黒寺と境内の伏見寺田屋殉難九烈士之墓（MAP・7頁下）

尊王攘夷思想と外国人襲撃事件

尊王論と攘夷論は、幕末に突然出現したものではなく、元来中国の儒教思想に起源をもっていた。もともとは「天皇を敬う」尊王思想と、「外国人を追い払う」攘夷思想という別々の思想であったが、幕府への政治不信と開国による経済の混乱から結びついていった。

安政3年（1856）、水戸藩郷士らがアメリカ初代駐日領事のタウンゼント・ハリスの襲撃を計画した。これは未遂に終わったが、安政6年（1859）7月、最初の異人斬りが起こった。横浜で浪士らがロシアの士官と水夫を襲い、2名を殺害したのである。

万延元年（1860）12月には、ハリスの秘書兼通訳だったヒュースケンが薩摩藩士に殺され、文久元年（1861）5月には水戸浪士14名が東禅寺のイギリス公使館を襲撃した。

また、文久2年12月には高杉晋作や久坂玄瑞《くさかげんずい》らが品川のイギリス公使館を焼いている。

同様の事件が多く起こったが、これらは攘夷実行によって幕府を窮地に追い込み、幕政を改革させようという意図があった。

そして京都でも「パークス襲撃事件」が起こる。

慶応4年（1868）2月、イギリス公使のパークスは明治天皇に謁見しようと宿舎である知恩院を出て、祇園縄手通を北上し御所に向かった。その途中、攘夷派の志士である朱雀操《すざくみさお》と三枝蓊《さえぐさしげる》がパークスを襲った。この時、護衛をしていた薩摩藩の中井弘蔵（のちの弘）と土佐藩の後藤象二郎《しょうじろう》が応戦してパークスを守り、朱雀は闘死、重傷を負った三枝は捕らえられ、のちに斬首された。

イギリス公使ハリー・S・パークス

八月十八日の政変

公武合体派が御所でクーデターを起こし、京から尊王攘夷派が一掃される

公武合体派

孝明天皇
薩摩藩
会津藩（京都守護職・松平容保）
淀藩（京都所司代・稲葉正邦）
近衛忠煕（前関白）
二条斉敬（右大臣）
中川宮（青蓮院宮・朝彦親王）
徳大寺公純　内大臣
近衛忠房（権大納言）

×

尊王攘夷派の急進派公家・長州勢

三条実美
三条西季知
四条隆謌
東久世通禧
錦小路頼徳
沢宣嘉
壬生基修
……七卿落ち　長州へ

豊岡随資
滋野井実在
東園基敬
烏丸光徳
……いかなる重罪にも服すると京にとどまる

長州藩兵
約1000名
……長州へ下る

❖尊王攘夷派の攻勢❖

文久2年（1862）8月21日、生麦事件が起こった。島津久光《ひさみつ》が幕府に改革（文久の改革・29頁）を迫ったその帰路、大名行列は武蔵国生麦村（現・横浜市鶴見区）にさしかかった。そこでイギリス人貿易商のリチャードソンら4人が久光の行列と出くわすが、騎乗のまま進んで行列を乱したのである。この無礼なふるまいに、薩摩の奈良原喜左衛門《ならはらきざえもん》ら数人がリチャードソンを斬殺し、2人に重傷を負わせた。当然、イギリスは激しく抗議し、英国公使のニールは殺害者の引き渡しと賠償金の支払いを求めた。幕府は賠償金を支払ったが、薩摩は拒み続け、翌年の薩英戦争に発展する。

文久3年（1863）6月、イギリスは7隻の大艦隊を鹿児島にむけて派遣した。その軍艦には薩摩側の持つ旧式大砲の4倍の飛距離を持つアームストロング砲21門が装備されていた。しかし薩摩藩が賠償に応じなかったため、7月2日、薩英戦争が勃発する。イギリスの攻撃によって薩摩藩は大砲8門を失い、砲台の1名が戦死した。また城下町の1割を焼かれ、市街の死傷者は8名だった。さらに3隻の藩船と3隻の琉球船を焼失し集成館も焼けた。だが台風が接近し暴風雨のなか、薩摩藩は善戦し、イギリス側も多大な被害を受けた。旗艦の船長・副長をふくめ13名が戦死し、50名が負傷し、のちに7名が死亡した。

賀茂行幸図屏風

話は前後するが、文久3年（1863）3月11日、孝明天皇は攘夷《じょうい》祈願のため、下鴨神社と上賀茂神社に行幸《ぎょうこう》した。「賀茂行幸」である。これに関白などの公卿や諸大名もお供をしたが、14代将軍の徳川家茂《いえもち》も、将軍としては229年ぶりに上洛し、護衛としてつき従った。攘夷祈願を建議したのは長州藩世子《せいし》（跡継ぎ）の毛利定広《さだひろ》で、天皇を護衛する将軍の姿を庶民に見せつけ、将軍と天皇の力関係が逆転したことを世間に示そうという意図があった。

尊攘派はさらに幕府を追い詰めようと男山の石清水八幡宮《いわしみずはちまんぐう》への行幸も計画する。源氏の氏神である八幡宮で天皇から将軍に攘夷の節刀《せっとう》を授与し、幕府に攘夷の実行を迫るためであった。4月11日に石清水行幸が行われたが、これを察知した家茂は病気を理由に随行を辞退し、将軍名代（代理）の将軍後見職・一橋慶喜《よしのぶ》も腹痛のため山のふもとの寺に引きこもってしまい、節刀はついに授けられなかった。

長州藩は、その後も攘夷を主張し、朝廷に働きかけて幕府に攘夷の決行を迫った。そこで幕府は5月10日を攘夷の期限としたが、実行する気はなかった。長州藩は幕府の意図はわかっていたが、関門海峡を封鎖し、攘夷の期限日の10日にアメリカの商船へ、23日にフランスの通報船へ、さらに26日にはオランダの軍艦へ砲撃を加えた。攘夷戦はひとまず成功し、その知らせを受けた朝廷は長州をほめたたえた。長州はつかの間の勝利にわき立ったが、それでも幕府は攘夷を行おうとはしなかった。

6月17日、京都では「翠紅館《すいこうかん》会議」が行われた。東山にある翠紅館の茶室・送陽亭《そうようてい》に長州の桂小五郎、久留米の神官・真木和泉《まきいずみ》、土佐勤王党の平井収二郎らが集まった。集合した志士たちは「学習院党」とよばれていたが、これは急進派公卿のたまり場になっていた御所の

学習院に出入りしていたからである。

彼らは長州藩が攘夷の魁《さきがけ》になったにも関わらず、幕府や諸藩が攘夷を実行しないことに腹を立てていた。そして孝明天皇を攘夷祈願のために大和へ行幸させ、神武天皇陵・春日大社を参拝、同時に攘夷戦を行うための軍事会議を開かせようと画策した。

◆文久3年8月18日◆

真木和泉ら「学習院党」は国をあげての攘夷と討幕を画策し、朝廷を牛耳っていた三条実《さね》実《とみ》ら過激な尊攘派公家に入説した。そして8月13日、朝廷から「攘夷・親征の勅」の発令を得た。これは大坂城で御親兵（天皇の軍）を募集し、孝明天皇の大和行幸とともに挙兵させようとする計画であった。その先鋒として挙兵しようとしたのが天誅組《てんちゅうぐみ》だった。この計画は孝明天皇には知らされていなかったが、着実に実現に向かっていた。

これに対して公武合体派の薩摩藩は、ひそかに京都守護職の会津藩と手を結び、中央政界における巻き返しをねらっていた。なぜなら孝明天皇はいつまでたっても攘夷を行わない幕府や、過激な行動に走りすぎる長州藩には期待しておらず、公武合体派の会津藩や薩摩藩に

京都御苑内・学習院跡碑
（MAP・5頁）

三条実美

信頼をよせていたからである。また孝明天皇は攘夷主義者だったが、幕府打倒の考えなどは持っていなかった。そして会津藩と薩摩藩に公武合体派の皇族である中川宮朝彦《なかがわのみやあさひこ》親王や公家（前関白の近衛《このえ》忠煕《ただひろ》・忠房父子、右大臣の二条斉敬《なりゆき》）らが提携し、尊攘派を御所から締め出そうと、宮中クーデターが起こった。これが「八月十八日の政変」である。

8月18日の早朝、薩摩と会津、京都所司代の兵が宮門を固めるなか、中川宮や公武合体派の公家、在京の諸藩主が御所で会議を開いた。そこで「大和行幸の延期」（実際には中止）や「三条実美ら尊攘派公家の参内や外出の禁止」、「長州藩の堺町門警備の解任」が決定された。この時の兵力は会津1500名、薩摩150名、それに対する長州は1000余名で、両者は堺町御門でにらみ合い、一触即発の緊迫した状態になった。しかし勅命には逆らえず長州藩は退散した　この時、7人の尊攘派公家も長州に落ちのびたが、これを「七卿落ち」という。薩摩藩は長州を排除するために、とりあえず会津藩と手を結んだのである。

天誅組の悲劇

文久3年（1863）8月17日、挙兵した天誅組は幕府の天領である大和五条の代官所を襲

堺町御門（MAP・5頁）
九条邸と鷹司邸の間にあり、禁門の変では激戦地となった。

撃し、代官の鈴木源内ほか5名を殺害した。天誅組は吉村寅太郎《とらたろう》、藤本鉄石《てっせき》、松本奎堂《けいどう》が三総裁となり、主将は公家・中山忠能《ただやす》の子で元侍従の中山忠光《ただみつ》だった。大和行幸に呼応し討幕挙兵の魁になろうとした天誅組だったが、その直後に「八月十八日の政変」が起こり、大和行幸は中止となる。よって親征軍になるはずだった天誅組は反乱軍として追討される立場になってしまう。

天誅組はその後、高取城攻めに失敗し各地を転戦したが、幕府側諸藩の大軍の前に壊滅した。藤本鉄石と松本奎堂は9月25日に戦死し、寅太郎も9月27日に鷲家口《わしかぐち》で闘死した。27歳の若さだった。討死にした時、最期に「残念だ」と言ったことから「残念大将」とよばれた。辞世は「吉野山 風に乱るる もみぢ葉は 我が打つ太刀の 血煙と見よ」である。

那須信吾は、坂本龍馬が脱藩した時にその道案内をした人物だが、天誅組の決死隊の隊長として戦った。血路を開くため彦根藩の本陣に斬り込んだ那須信吾は、彦根藩分隊長・大館孫左衛門を槍で突き倒し、脇本陣に突っ込もうとした。しかし一斉射撃を受けて壮絶な戦死をとげた。だが決死隊の奮戦により、中山忠光を逃がすことに成功し、本分をはたしている。

この時、坂本龍馬は姉の乙女《おとめ》や姪の春猪《はるい》に宛てた手紙のなかで天誅組のことにふれ、「みんな戦略が下手なので、京都から全国の諸藩に追っ手を差し向けるように指令が下された。戦《いくさ》の仕方をあまり知らず一度きりの戦いで負けてしまったが、もし私が少し指図をしていれば、まだ追っ手の勢いはそれほどではなかったので迎え撃てたのにとあわれに思っています」と古くからの友人だった寅太郎らの戦死をあわれんでいる。

吉村寅太郎

池田屋事件

池田屋で闘死した志士

［池田屋内で闘死］
宮部鼎蔵（肥後）　大高又次郎（播州林田）
石川潤次郎（土佐）広岡浪秀（長州）
福岡祐次郎（伊予松山）

［池田屋の外で闘死］
吉田稔麿（長州）　加賀藩邸前で闘死
望月亀弥太（土佐）角倉屋敷の前で自刃
北添佶磨（土佐）　市中で闘死
杉山松助（長州）　翌日、長州藩邸で死亡
吉岡庄助（長州）、野老山五吉郎（土佐）、藤崎八郎（土佐）の3名は無関係ながら斬殺される
松田重助（肥後）　池田屋で重傷を負い、六角獄舎で3日後に死亡したとされる

×

新選組

近藤隊10名
土方隊24名
池田屋に最初に突入したのは近藤隊の、近藤勇・沖田総司・永倉新八・藤堂平助の4名

［新選組の戦死者］
奥沢栄助　即死
安藤早太郎　重傷を負い後に死亡
新田革左衛門　重傷を負い後に死亡

◆「新選組」誕生◆

「八月十八日の政変」が起こる前年の文久2年（1862）閏《うるう》8月1日、会津藩主の松平容《かた》保《もり》が京都守護職に就任した。このころ、幕府の弱体化に拍車がかかり、政治の中心地は江戸から京へ移っていた。京では尊攘過激派が幅をきかせており、治安が悪化していた。元来、京都の治安維持は京都所司代や京都町奉行が担当していたが、それだけでは防ぎきれないと判断した幕府は京都所司代の上に京都守護職を設置しようとした。薩摩の島津久光《ひさみつ》は守護職に就任したいと考えていたが、外様《とざま》大名に京都を任せるわけにはいかないと、親藩《しんぱん》大名から出すことになった。そして将軍後見職の一橋慶喜《よしのぶ》や政事総裁職の松平春嶽《しゅんがく》から就任要請を受けたのが28万石の会津藩主・松平容保だった。

しかし会津藩の財政は浦賀や蝦夷《えぞ》地の警備で危機的状況にあり、会津から遠くはなれた京に千名の兵を常駐させて1年おきに交替させる経済力はなかった。また容保はたいへん病弱だったこともあり、家老たちは「守護職就任は火中の栗を拾うようなもの」だと反対した。だが会津藩には藩祖・保科正之《ほしなまさゆき》の「家訓《かきん》」があり、「会津藩は徳川将軍家に忠勤を尽くすこと」が藩の方針だった。よって春嶽から「家訓」を持ち出された容保はここで辞退すれば祖先に汚名をきせることになると、守護職を引き受けることに決めた。家老たちは、「これで会津藩

松平容保

松平春嶽

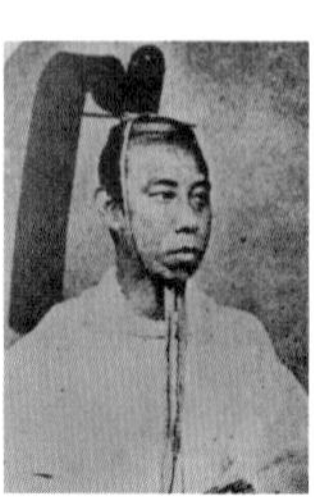

は滅びる」と涙したが、「京を死に場所にしても幕府を護ろう」と決意した。そして文久2年（1862）12月、容保は上洛し、黒谷の金戒光明寺《こんかいこうみょうじ》を本陣とした。

翌年の3月、将軍家茂《いえもち》は孝明天皇の攘夷祈願に随行するため上洛することになったが、その時、幕府は江戸にあふれる浪士を事前に京に送り込み、治安回復と将軍警護にあたらせようと尽忠報国《じんちゅうほうこく》の者をつのった。そして集まった234人は京に向かったが、三百人組ともいわれたこの浪士組は、将軍に先立ち2月13日に京に着き、壬生《みぶ》村へ入った。

しかし到着した夜、浪士組結成を工作した清河八郎が、主だった浪士たちを新徳寺に集めて尊王攘夷の大演説を行い、御所の学習院に建白書を提出した。この状況に幕府は大あわてとなり、清河が学習院に提出した建白書の通り、浪士組は江戸に帰ることになった。だが、江戸への帰還に反対し、京都に残留した者たちが、「京都守護職御預かり　壬生浪士組」となる。そして壬生浪士組が初めて政治の世界で活躍したのが、八月十八日の政変だった。この時、会津藩の公用方から出動の要請があり、壬生浪士組は御所の南門（建礼門）前の御花畑を警固した。そしてこの働きが認められ、武家伝奏から新選組を名乗るように通達を受けた。ここに「新選組」が誕生した。

八月十八日の政変によって公武合体派が完全に御所を掌握したが、朝廷は人材不足だった。そこで朝廷は有力大名に期待し、一橋慶喜や松平春嶽、宇和島の伊達宗城《むねなり》、土佐の山内容堂《ようどう》、京都守護職の松平容保、島津久光ら六侯による参預会議が誕生した。これは参預の合議で国の方針を決め、天皇の名で権威づけ、幕府が実行する体制であり、雄藩諸侯が国家権力を握る構図であった。ところが発足してすぐに内部対立が生まれた。議長格の慶喜が孝明天皇の

京都守護職屋敷跡碑（MAP・5頁）

新徳寺（一般非公開）（MAP・6頁）

意を受けて横浜港の閉鎖を提案したが、開国派の久光、春嶽、宗城らが反対、わずか3か月で空中分解してしまう。幕藩体制の矛盾は深刻で、参預会議が収拾できるような状態ではなかったのである。

そのころ、八月十八日の政変で京を追われていた長州藩や尊攘派は、失地回復をめざし地下活動を続けていたが、参預会議の崩壊を好機だととらえたのである。

元治元年（1864）4月ごろ、新選組は尊攘派の不穏な動きを察知し、長州人250人が京都に潜入しているという情報を得た。新選組局長の近藤勇《いさみ》は監察方の山崎烝《すすむ》や島田魁《かい》らに命じて市中を徹底的に探索させた。その結果、6月1日に肥後熊本の志士・宮部鼎蔵《ていぞう》の従者を捕縛《ほばく》することに成功した。宮部鼎蔵は前年の八月十八日の政変で京都をはなれていたが、従者が京都にいるということは宮部も戻ってきている可能性が高かった。そして宮部の隠れ家の一つが四条小橋西入ルの薪炭《しんたん》商・桝屋だとわかった。

6月5日の早朝、武田観柳斎《かんりゅうさい》ら8人の新選組隊士が桝屋に踏み込み、主人の桝屋喜右衛門を捕縛して屯所《とんしょ》に連行した。桝屋は筑前黒田藩の御用達で、大名屋敷にも自由に出入りできる商人だった。桝屋の邸内からは10組ほどの甲冑《かっちゅう》や鉄砲数挺が発見され、また倒幕派浪士らからの手紙も見つかった。桝屋は倒幕派に拠点を提供していたのである。

近藤と副長の土方《ひじかた》歳三は、新選組屯所・前川邸の土蔵で喜右衛門を直々に尋問した。近藤が鞭《むち》を打って取り調べたが、喜右衛門は耐え、なにも自白しなかった。業を煮やした土方は、喜右衛門を後ろ手にしばり上げ、足首に縄をつけて梁《はり》に逆さ吊りにした。さらに足の甲に五寸釘を打ち込み、貫通した先に火のついた蝋燭《ろうそく》を立てた。やがて蝋が溶けて傷口に流れ込み、

古高俊太郎邸（桝屋）跡碑（MAP・4頁）
周辺には谷守部や会津小鉄の寓居があった。近江屋や土佐藩邸もほど近い。

壬生・旧前川邸（土蔵は非公開）（MAP・6頁）
古高を尋問したといわれる土蔵が現存している。

決死の覚悟だった喜右衛門も口を割ったという。だが拷問の間に、封印していた桝屋の土蔵が何者かに破られ、武器が奪われる事件が起きた。この事態に新選組は危機感をつのらせた。桝屋喜右衛門は自白し、本名は古高俊太郎だと名乗った。古高は近江出身の志士で、京都に出てきて梅田雲浜《うんぴん》の弟子になった。そして志士として活動するなかで桝屋の養子となり、商人になりすまして倒幕派の計画に加わっていたのである。

古高が新選組に捕らえられたという報は、すぐに浪士らに伝わった。じつは、古高は山科《やましな》毘沙門堂《びしゃもんどう》の家来として攘夷派の有栖川宮《ありすがわのみや》家と太いパイプを持つ重要人物だった。また古高は長州藩世子・毛利定広《さだひろ》の遠縁にあたる人物でもあった。よって八月十八日の政変で京都を追われていた長州藩は、古高に大きな期待を寄せていたのである。そこで浪士らは急遽、善後策を練るために長州藩邸に集まった。「新選組の屯所を襲撃して古高を奪還すべし」と主張する者もいたが、そのような軽挙はつつしむべきという意見が強かった。そして、その夜にも集会が開かれることになり、会談場所として選ばれたのが池田屋だった。よって古高はこの日に浪士らが池田屋に集まることは知らなかったのである。

ちなみに古高らの計画は、祇園祭当日の6月7日（もしくは6月20日前後の風の強い日か）に御所へ火を放ち、その混乱に乗じて公武合体派の中川宮朝彦《なかがわのみやあさひこ》親王を幽閉し、京都守護職の松平容保を襲撃、孝明天皇を長州にお連れするというテロの計画だったという。ただ実際の古高らの計画は、そんな大それたものではなく、御所のすぐ南に位置する中川宮の屋敷への放火だったが、その前年から、ちまたに流れていた「京都への放火」や「孝明天皇を長州に連れ去る」などの不穏なうわさを、新選組は古高らの計画だと考えたようである。いずれにしても緊急

壬生・八木邸（壬生屯所旧跡）（MAP・6頁）

壬生寺（MAP・6頁）
新選組は、壬生寺境内で軍事調練を行っていた。

事態だと判断した近藤は、隊士に出動の準備を命じた。

◆元治元年6月5日◆

そのころ、新選組では集団脱走があり、前年の10月には60名ほどいた隊士がわずか42人になっていた。もともと新選組は「攘夷の有志集団」だったため、隊内には佐幕派も倒幕派もいた。ところが新選組が急激に佐幕色を強めていくと、ついていけなくなった倒幕派の隊士たちが脱走したのである。

さらに怪我や病気の隊士もおり8人が屯所に残ったため、出動できる隊士はわずか34名だった。そこで近藤は会津藩や京都所司代の桑名藩に使いを送り、事の次第を報告した。そして応援の兵を依頼し、夜5ッ時（午後8時ごろ）に祇園石段下の町会所（祇園町会所）で合流することになった。新選組は昼ごろから数人ずつ目立たないように屯所を出て、祇園町会所に集合した。武器や防具はわからないように大八車に積んで会所に運ばせ、武装して準備を整えたのである。

倒幕派浪士らの探索は会津藩と合同で行うことになっていたが、会津藩の出動は遅かった。

当時の池田屋付近図

しびれをきらした近藤は午後7時ごろ、応援の兵を待たずに探索を開始した。まずは祇園から四条通のお茶屋などをくまなく捜索したが、浪士の潜伏先が未定だったため、34人の隊士を2つに分け、一隊を近藤が、もう一隊を土方が率いることになった。近藤隊は沖田総司や永倉新八、藤堂平助ら10名で、土方隊は、井上源三郎、原田左之助、斎藤一《はじめ》ら24名だった。さらに土方は隊を2つに分け、もう一隊（10名）を井上が率いることになった。そして鴨川の西側である先斗町《ぽんとちょう》や木屋町通を近藤隊、鴨川の東側である縄手通を土方隊が担当し、四条通から三条通に向かって北進した。

午後10時ごろ、近藤隊は三条小橋西入ルの旅宿・池田屋があやしいと目星をつけた。池田屋は長州藩の定宿で、新選組が浪士らの潜伏先としてマークしていた20か所のうちの一つだった。新選組は、近藤、沖田総司、永倉新八、藤堂平助のたった4人で突入した。そして谷万太郎ら6人に建物のまわりを厳重に固めさせた。しかし池田屋の2階には20名以上の浪士ら（一説には11名）が集まっていた。池田屋内での戦闘については二番隊組長の永倉新八が書いた「浪士文久報国記事」が詳しい。この記述をもとに、池田屋事件について解説していく。

近藤ら4人が表門から入ると、出入り口のそばに鉄砲や槍《やり》などの武器がたくさん置いてあったので、これらの武器を縄でしばってまとめて外に出した。そして近藤は、店の玄関で池田屋の主人をよび出し「今宵、旅宿改めである」と告げた。おどろいた池田屋惣兵衛《そうべえ》は奥に走っていき、2階にいる浪士らに御用改めであることを伝えた。近藤は惣兵衛を殴り飛ばして2階へ駆け上がり、沖田がその後を追った。愛刀の長曽根虎徹《ながそねこてつ》を抜刀した近藤は、「御用改めである。手向かいするなら容赦なく斬り捨てる」と大声で一喝した。

池田屋騒動之址碑（MAP・4頁）
池田屋は、長州藩邸、加賀藩邸、対馬藩邸など、いずれも指呼の距離にあった。

池田屋内部の古写真

ただ近年、2階に踏み込んだ近藤の第一声は「御上意《ごじょうい》」だった可能性があることがわかった。「維新階梯《かいてい》雑誌」によると近藤が2階に上がると6、7人が車座になっており、「座中を割って奥へ赴けば、一同は刀を抜いて斬り掛かってきた」「此の方、御上意と大音声で叫んで踏み込んだ」と書かれている。ちなみに「御上意」とは将軍や主君の意思であることを示す言葉である。のちに近藤は、「相手は御上意に恐れをなした様子。いまだ徳川のご威光は尽きず」と述懐したとも書かれている。

このころの近藤は、将軍とともに攘夷をしたいと思っていたが実現できず、いつまでも攘夷を行わない幕府に失望していた。切羽詰まった近藤は、老中に、「市中見回りは本懐ではない」と伝え、「このまま幕府が攘夷を行わないなら、新選組に解散を命じるか個々に帰郷させるかにしてほしい」と談判するなど、進退に頭を悩ませていた。しかし慰留されていたところに、池田屋事件が起こったのである。近藤としては、「やっと将軍のために働ける」という喜びと使命感から、「御上意」という言葉が口から飛び出したのだと思われる。

話が脱線したが、近藤の迫力に倒幕派浪士らは恐怖におののき、思わず後ずさりをした。しかしその時、勇敢な浪士が斬りかかってきた。それを沖田総司が斬り倒し、乱闘が始まった。浪士らは突入してきた新選組がたった4人とは思わず、蜘蛛《くも》の子を散らしたように逃げまどい、裏庭や中庭に飛び降りて逃亡しようとした。

それを見た近藤は永倉に「1階をたのむ」と指示を出し、永倉は1階に向かった。そこには「八間」という照明に灯りがともっていたので明るく、戦いの助けになったという。近藤も浪士を追って階段を駆け降り、二階の敵は沖田にまかせた。沖田は新選組の中で一、二を

近藤勇の鎖帷子

争う剣術の腕前だったが、肺結核の発作を起こして喀血《かっけつ》し、昏睡してしまったという。このまま沖田は戦闘不能になってしまう。なおこの時、沖田が倒れたのは肺結核の発作ではなく、暑い室内で激しく戦ったことによる熱中症だという説もある。

また池田屋の2階から飛び降りた浪士らが裏庭に殺到し、ここが一番の激戦地になったようである。新選組は奥沢栄助が闘死、安藤早太郎《はやたろう》と新田革左衛門《かくざえもん》が重傷を負ったのちに亡くなっているが、彼ら3人が裏庭を守っていた可能性が高いと思われる。

近藤は1階の「奥の間」で戦い、永倉は台所から表口で防戦した。中庭では藤堂が戦っていたが、1人が表口に逃げた。それを見つけた永倉が追いかけ、表口を守っていた谷万太郎が槍で突き、永倉が肩を斬って仕留めた。また永倉は別の者を袈裟《けさ》斬りで倒した。その後、庭先に向かうと便所に逃げ込んだ者がいたため、永倉は便所の戸ごと中の者を串刺しにし、倒れてきた相手の胴を斬った。

そのころ、中庭で戦っていた藤堂は、隠れていた男に額を斬られ血まみれになっていた。流れる血が目に入って戦いづらく、刀も刃の真横に亀裂が入っている状態になっていた。永倉が助太刀に入ったが敵は手強く、永倉に斬りかかってきた。藤堂は重傷で出血が激しく、戦闘を続けられる状況ではなかった。沖田に続く2人目の戦線離脱者で、池田屋内には近藤と永倉だけになってしまった。

近藤も二、三度斬られそうになり、永倉が助太刀に行こうとしたが、敵がたくさんいてなかなか近づけない。永倉はやっとのことで敵の肩先へ斬り込み、この者を倒した。すると敵4人が降参したので、すぐに縄をかけたという。永倉は左手の平を負傷し、刀も傷んでいた

三条大橋（MAP・4頁）
欄干の擬宝珠には池田他事件の際についたといわれる刀傷が残っている。

ので相手の刀を分捕って戦い続けた。近藤の虎徹もボロボロに刃こぼれしており危機的状態だったが、ようやく土方隊が池田屋に到着した。そして井上源三郎ら11名が突入し、屋内を探ると2階の天井が破れ、敵1人が落ちてきた。これを武田観柳斎が斬った。さらに逃げ遅れた浪士らを捕縛していく。また池田屋から外に逃げた者は、まわりを固めていた近藤隊の谷万太郎ら3人と土方隊の12名が捕縛した。ほかにも池田屋と三条小橋の間でも斬り合いがあったという。池田屋惣兵衛が捕縛されていた浪士らの手縄を緩めたので、この者が縄を解いて逃げ出したのである。その後を原田左之助が追いかけ、槍で仕留めた。

2時間ほどの激闘で新選組は勝利をおさめた。永倉は「浪士文久報国記事」で新選組は屋内において8人以上を斬ったように書いているが、すべてが死亡したのかは不明である。

◆新選組、勇名をとどろかせる◆

新選組の戦闘中に京都守護職や京都所司代(桑名藩)、彦根藩、松山藩、一橋家、町奉行所らの応援が700名ほど(3千名という資料もある)集まっていた。新選組は彼らと協力して翌朝まで残党狩りを行い、20名以上の関係者を捕縛した。こうして新選組は浪士らの計画を未

対馬藩邸跡碑(MAp・4頁)

然に防いだのである。

翌6日の正午ごろ、大手柄をあげた新選組は壬生の屯所に凱旋《がいせん》した。沖田は青ざめた顔をしながら自力で歩き、藤堂は戸板に乗せられて運ばれた。この池田屋事件によって新選組の名は全国にとどろき、倒幕派から恐れられる存在となった。

池田屋内での戦闘で死亡したと思われる浪士らは、肥後の宮部鼎蔵、播州林田の大高又次郎、土佐の石川潤次郎、長州の広岡浪秀《なみひで》、伊予松山の福岡祐次郎だった。

また長州の吉田稔麿《としまろ》は事件の時には長州藩邸にいたが、対馬藩邸にいた桂小五郎に事件発生を知らせようと藩邸を飛び出した。ところが加賀藩邸前で諸藩兵と斬り合いになり闘死した。土佐の望月亀弥太《かめやた》は池田屋で重傷を負いながらも敵の包囲を突破した。しかし逃げ込もうとした長州藩邸の門は閉ざされたままで、角倉《すみのくら》屋敷の前で自刃した。土佐の北添佶磨《きつま》は市中で討死し、長州の杉山松助は重傷を負って翌日、藩邸で亡くなった。長州の吉岡庄助と土佐の野老山五吉郎、藤崎八郎の3人は無関係ながら斬殺された。肥後の松田重助は池田屋で重傷を負い、投獄された六角獄舎《ろっかくごくしゃ》で3日後に死亡している。

池田屋事件の働きが認められた新選組は、褒賞金として会津藩が幕府から預かっていた浪士金より500両、幕府から600両の計1100両（現在の約3300万円）を与えられたという。褒賞金の金額には諸説あり、「浪士文久報国記事」には、朝廷より300両（約900万円）、幕府からは500両（1500万円）とあるが、出動して活躍した隊士たちだけに分配された。

長州屋敷跡碑
（MAP・4頁）

角倉邸址碑付近
（MAP・4頁）
石碑の横を流れる高瀬川には高瀬舟が浮かび、当時の面影をとどめている。

天誅事件と幕末三人斬り

尊攘過激派の一部は、文久年間から明治維新まで頻繁《ひんぱん》に天誅《てんちゅう》事件を起こした。その数は、生晒《いきざら》しや木像を晒《さら》したものもふくめると、文久年間に97件、元治年間に38件、慶応年間に26件で合計161件も起こっている。

天誅とは「天に代わって成敗する」という思想のもと、殺害した人物のとなりに天誅の理由となる罪状を書いた斬奸状《ざんかんじょう》を掲げた。はねられた首が四条河原や三条河原などに晒されたが、そのさらし首のことを梟首《きょうしゅ》という。

天誅されたのは、幕府側の要人や幕府に与した人物、政商、僧侶、女性などで、商人や女性は殺さずに生晒しにされた。天誅事件は、始めは安政の大獄の報復として行われ、弾圧側として大獄で活躍した者が狙われた。

文久3年（1863）7月には商人が天誅されたが、これは物価高騰の折りに、庶民の生活必需品の値をつり上げ、暴利をむさぼったことが理由だった。また次第に生糸仲買商人や外国貿易に関わる商人もターゲットになっていく。

このように天誅は報復から徐々に世直しの色合いを強めていったが、そこには「一殺多生」の考え方があった。つまり、一人の悪人を殺すことによって、たくさんの人々の命を救うという一種の世直し行為として殺人を正当化したのである。

天誅事件を起こしたのは薩摩の田中新兵衛、土佐の岡田以蔵《いぞう》、肥後の河上彦斎《げんさい》らで、この三人は「幕末三人斬り」とよばれている。次にとくに有名な天誅事件を3件紹介する。

島田左近への天誅

京都における最初の天誅事件である。

島田は公家の九条家に仕えた侍で、日米修好通商条約の勅許《ちょっきょ》問題では反対する主人の関白・九条尚忠《ひさただ》を親幕派に転向させた。また彦根藩士・長野主膳《しゅぜん》の指揮のもと将軍継嗣《けいし》問題では紀州の徳川慶福《よしとみ》（家茂《いえもち》）を擁立し、安政の大獄では尊攘派志士の不穏な動きを幕府に密告した。和宮降嫁《かずのみやこうか》にも尽力し、尊攘派からは「九条家の悪謀の士」

とうらまれた。

文久2年（1862）7月、薩摩の田中新兵衛ら3名に惨殺され、胴体は高瀬川口に、首は先斗町《ぽんとちょう》川岸に晒された。

村山加寿江《かずえ》（たか）の生晒し

元祇園の芸妓で通称たか。彦根藩主になる前の井伊直弼《なおすけ》から寵愛を受け、そののち長野主膳の妾になったという。安政の大獄では息子の多田帯刀《たてわき》と母子で志士の動向を密告した。

文久2年11月、潜伏していたところを志士らに捕らえられ、老女だったので三条河原に生晒しにされた。三日三晩晒された後に助けられ、尼僧になった。

足利三代将軍の木像梟首

文久3年2月、平田派の国学者らが等持院に安置されている足利尊氏、義詮、義満の木像に天誅を加えた。切り取った木像の首は、それぞれの位牌《いはい》とともに三条河原に晒された。

足利将軍を徳川将軍になぞらえ、近々上洛する将軍・家茂を暗に脅迫したのである。京都守護職の松平容保は犯人探しに奔走し、以降は強硬路線をとるようになった。

新選組の西本願寺屯所と不動堂村屯所

新選組の屯所《とんしょ》といえば、結成の地である壬生《みぶ》を思い浮かべる人が多いだろう。壬生には八木邸や前川邸など、屯所として使われた建物が当時のままの姿で現存している。

新選組は池田屋事件のあと大規模な隊士募集を行った。その結果、隊士数が急増し、壬生の屯所では手狭になったため、新しい屯所探しが急務となった。そして、勤王派である西本願寺を内部から監視するという意味もあり、西本願寺の北集会所《しゅうえしょ》を借り受けることにした。元治元年（1864）の禁門の変の時、西本願寺は敗走する長州兵に僧の格好をさせて逃がしており、そのことから幕府に目をつけられていたのである。

慶応元年（1865）3月9日、西本願寺に屯所が移された。北集会所は200畳もある巨大な建物で、さらに太鼓《たいこ》番屋（太鼓楼）も借り受けた。この時、新選組は八木邸母屋の東側に建てていた道場「文武館」を解体して運んでいき、また牢屋や首切り場も作った。境内では剣術や鉄砲の訓練を行ったため、寺は非常に迷惑したという。

同年の閏《うるう》5月末ごろ、幕府典医の松本良順がこの屯所を訪れたところ、隊士の総数170～180名のうち、3分の1が病人で、裸体で寝ていたという。そこで良順は浴場の設置を指導し、門人を派遣して治療にあたらせた。また隊士の栄養改善や体力増強のために、豚や鶏を飼育し食べることをすすめたが、屠殺時の悲鳴や調理時の臭いに寺は頭を悩ませたという。

慶応3年6月15日、新選組は屯所を西本願寺から不動堂村に移した（移転時期は秋という説もある）。これが二度目の屯所移転で、京都最後の屯所となった（鳥羽伏見の戦いの時、新選組は伏見奉行所に駐屯するが、幕末の伏見は洛中ではなかった）。

不動堂村屯所は、西本願寺が新選組の立ち退きを条件に新築費用を出したもので、大名屋敷のような立派な建物だった。1万平方メートルという広大な敷地に、表門、高塀、玄関門、長屋、使者の間、隊士たちの部屋、近藤や土方らの居間、客間、厩（馬屋）、物見櫓、中間や小者の部屋などがあり、美麗をつくし使い勝手もよいように作られたという。また寺のように広い台所や、一度に30人が入れる風呂も作られた。

「新選組物語」には、「屯所は真ん中が広間で、左右に広い廊下が通り、右側にいくつも並んでいるのが平同志（平隊士）の部屋で、右側に並んでいるのが副長助勤（組長）の部屋でした。今でいうところの大きな高等下宿か寄宿舎のようなものでした」とある。

移転後まもなく、新選組隊士は幕臣に取り立てられるという大出世をとげた。しかしこの屯所が使われたのは、同年12月14日までで、半年にも満たなかった。屯所の詳しい場所には諸説あり、「幻の屯所」とよばれている。

禁門の変

【御所周辺戦況図】（赤は長州勢・青は幕府側諸藩）

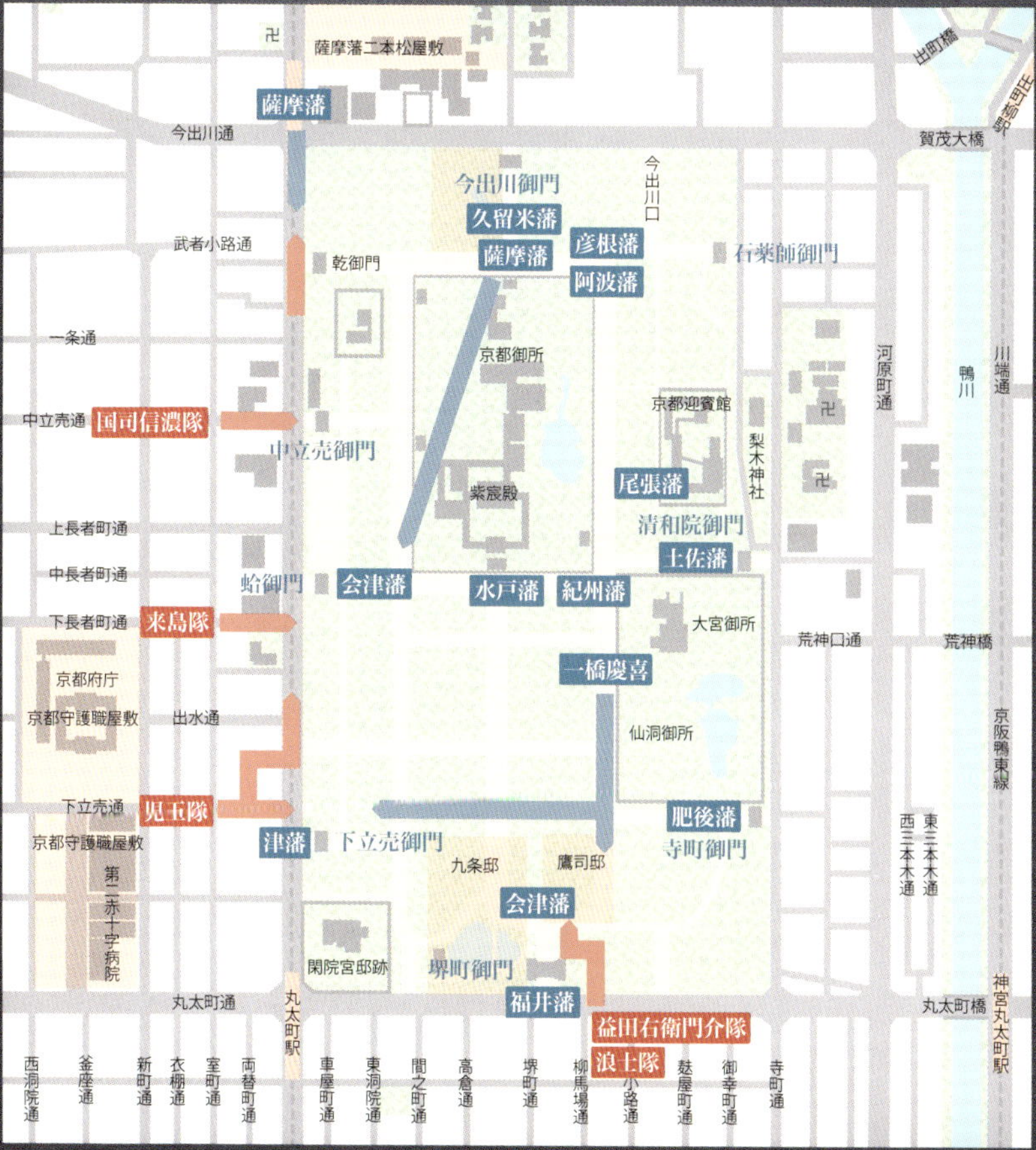

◆長州藩、京へ進軍する◆

池田屋事件の前日の、元治元年（1864）6月4日、長州藩は失地回復をめざして率兵上洛することを決定した。前年の八月十八日の政変で、長州藩は御所警備の任を解かれ、藩主親子の毛利敬親《たかちか》や定広《さだひろ》は国元での謹慎を命じられていたからである。ただ、出兵に対して桂小五郎は反対し、高杉晋作は慎重論を唱えていた。

6月16日、家老の福原越後《ふくばらえちご》が進発した。伏見に駐屯しようと完全武装で進軍したが、この異常事態に京橋口を警備していた紀州兵は、「軍装での率兵上洛とはなにごとか」と、とがめた。それに対して、「長州は外夷と戦うために日ごろから武装している。そのことは朝廷も幕府もご存じのはず」と一喝して、押し通ってしまった。

福原軍が伏見に着いた6月24日、真木和泉《まきいずみ》と久坂義助《よしすけ》（玄瑞《げんずい》）も山崎の天王山に入り、宝積寺《ほうしゃくじ》を本営として付近の寺院にわかれて駐屯した。巻き返しを狙っていた長州藩にとって池田屋事件は反撃の好機だったが、出兵の理由は「攘夷《じょうい》を国是《こくぜ》とする歎願《たんがん》」、「毛利親子や五卿の赦免《しゃめん》」であるとしていた。しかし、真の目的は「君側《くんそく》の奸《かん》（会津藩や薩摩藩）」を除くことであった。

長州の来島又兵衛は嵯峨野の天龍寺に陣を張った。そして山崎から移動してきた長州藩家

桂小五郎（木戸孝允）

真木和泉

老・国司信濃《くにししなの》隊も天龍寺に駐屯する。また、京都の長州藩邸に潜伏していた100名余りも合流した。

それに対して幕府は、薩摩藩に淀への出兵を命じた。しかし西郷吉之助（隆盛）は静観の構えで、「これは長州と会津の私闘であり、出兵する名分はない」と拒否する。ただ朝廷に危害がおよぶようなら、戦わない訳にはいかないと考えていた。

長州勢の率兵上洛は非常に強引な印象を受けるが、同時進行で朝廷に「歎願書」も提出していた。軍事力で圧力をかけながら腰の低い文章でお願いするという戦法はなかなか巧妙であった。長州藩は対馬《つしま》藩や鳥取藩などの長州に同情的な諸藩を頼って嘆願運動を続けた。

この時、松平容保《かたもり》は歩行もままならないほどの大病だった。その容保に宮門を守るように勅命が下る。朝廷はなかなか対応策を出せなかったが、禁裏御守衛総督に任命されていた一橋慶喜《よしのぶ》は、「大軍を擁《よう》して京都に迫るだけでも大逆行為である。追討するべし」と、強硬的な態度をとり、容保も同意見であった。孝明天皇も、「昨年夏の政変（八月十八日の政変）は朕《ちん》の真意である。今さら長州人の入京を許すわけにはゆかぬ」と言い、大勢が決まった。

ところが御所内ではふたたび意見がわかれ、武力討伐を唱えていたはずの慶喜が長州勢に対して撤兵の説得を開始する。一貫して強硬論を唱えていた容保は動揺した。

こうした慶喜の和平工作は暴発を遅らせるのには役だったが、逆に戦闘を大きくしてしまうことになる。なぜなら、その間に長州兵も幕府側の兵も続々と入京し、おたがいの兵力がふくれ上がったからである。長州藩主・毛利敬親の養子である定広も三条実美《さねとみ》ら追放五卿をともなって京にむけて出発していた。

西郷隆盛

三条実美

当時の京都の人口は約50万人だったが、そこへ幕府側各藩の兵と、長州兵とその義軍が集まり、京はたいへんな騒ぎとなった。

禁門の変の時、天龍寺は長州藩の陣営の一つになったが、そのために奔走したのが嵯峨村の大庄屋で総年寄の福田理兵衛である。理兵衛は裕福な材木商で、長州藩や多くの志士に莫大な資金を提供した。理兵衛は「長州藩に尽くすことが、国への奉公である」と考えていた。

話は少しさかのぼるが、文久3年（1863）、長州藩主・毛利敬親は孝明天皇の攘夷祈願に随行するために上洛し、河原町御池の長州藩邸に入った。この時、長州藩の世子《せいし》・毛利定広はまず長州藩邸の西にあった妙満寺に入ったが、理兵衛は京都所司代の許可を取って天龍寺と交渉した。その結果、天龍寺とその塔頭《たっちゅう》24か寺、清涼寺や民家30戸などを借用できることになり、定広は天龍寺に移った。そして理兵衛は定広に謁見し、天龍寺には「長州旅館」の門標が掲げられたという。以降、理兵衛は、長州藩の御用達となった。長州藩は禁門の変の時にも、天龍寺を陣営として借用した。大将の国司信濃は天龍寺の塔頭である妙智院《みょうちいん》に、副将の児島小民部《こみんぶ》は真乗院《しんじょういん》に入った。そして来島又兵衛は本陣である天龍寺の方丈に陣取った。長州藩はこの時、天龍寺周辺に9門の木造大砲を備えつけたという。ちなみに天龍寺の塔頭・弘源寺には、禁門の変の直前に来島又兵衛隊がつけたという大きな刀傷が複数残っている。

長州藩の陣営と兵力

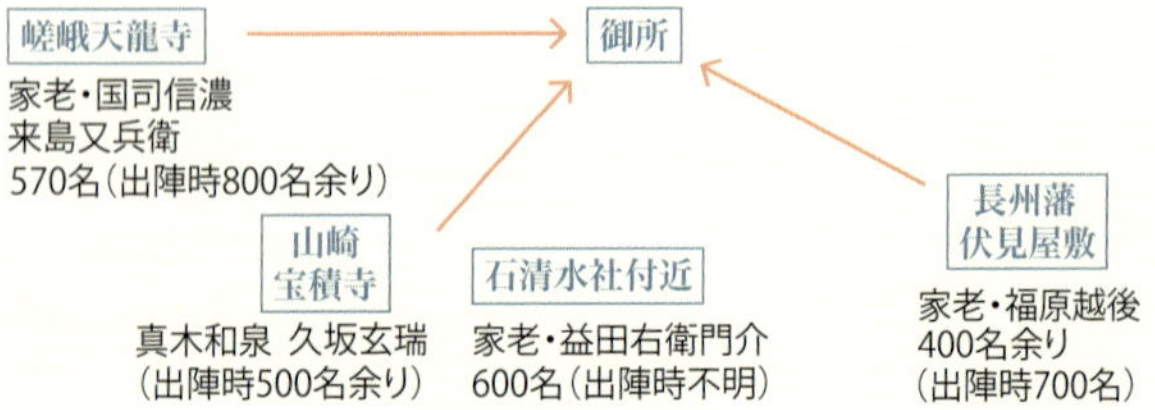

元治元年7月19日

元治元年（1864）7月17日、男山山頂の石清水八幡宮《いわしみずはちまんぐう》に長州軍の幹部21人が集まった。まず来島又兵衛が、「朝廷は会津にまどわされ、我らを追討する方針を決めたようだ。諸君、進撃の準備はでき申したか」と、口火を切った。それに対して久坂義助（玄瑞）は、「いったん大坂に退き、上洛途中の毛利定広公を待ってから策を決めるのが良いと思う」と発言する。しかし、京都守護職・松平容保を排除するしか道はないという意見が多く、軍師格の真木和泉は、「来島君に同意する。形は足利尊氏でも、心が楠木正成ならよし」と賛成したため、進軍が決定した。それと時を同じくして朝廷でも武力討伐が正式決定された。

長州藩は松平容保の罪状と、福原・益田・国司の三家老の陳情書を朝廷と幕府に送り、在京の諸藩にも伝えた。しかし朝廷は受け入れず、長州藩京屋敷の留守居役だった乃美織江《のみおりえ》に撤兵の最終通告を行った。

それに対して7月18日夜半、長州藩は京都に入る三方から軍事行動を開始した。長州藩伏見屋敷にいた家老の福原越後は午後10時に約700名を率いて出撃する。そして伏見街道を北上したが、翌日の午前4時ごろ、藤ノ森で大垣藩と交戦した。しかし福原が民家の2階から狙い撃ちされて顔を負傷したため、一同は士気がくじけ、伏見へ退却した。朝には隊を立

久坂義助（玄瑞）

長州藩伏見屋敷跡碑（MAP・7頁下）

て直して竹田街道を北上するが、丹波橋で彦根や会津藩兵に敗れて山崎に退却し、結局京都市中に入ることさえできなかった。この伏見組は藩の上士格の次男三男で構成されている先鋒隊が中心で、前年に高杉晋作が作った奇兵隊とちがって弱かったという。

新選組二番隊組長の永倉新八が書いた「浪士文久報国記事」によると、この時、新選組は、会津藩の命を受けて九条河原に出動したという。そして福原越後の兵を伏見稲荷から墨染まで追討した。夜が明けると、御所の方向で大砲の音が響いたので、屋根に上ってその方向を見ると、御所に砲弾があたって黒煙が上がっていたという。そこで新選組は堺町御門に向かい、会津兵と長州兵を挟み撃ちにして討ち取っている。ただ新選組が着いたころには勝負は決しており、わずかに戦ったにすぎない。

嵯峨の天龍寺組は国司信濃が兵８００余名を率いて18日の夜半に進発した。中立売通を東に進み、下立売通を進んだ来島又兵衛隊と蛤《はまぐり》御門《ごもん》で合流した。

蛤御門は会津藩が守っていたが、来島又兵衛は奮戦し会津の林権助と激戦を繰り広げた。しかし西郷吉之助（隆盛）率いる薩摩兵が会津兵に合流すると、一気に長州勢は窮地に立たされ、馬上の来島又兵衛は鉄砲で撃たれて戦死する（負傷後に自刃したという説もある）。指揮官を失った長州勢は山崎方面に敗走し、来島の死体は力士隊の相撲取りが担いで逃げた。

また山崎組の真木和泉や久坂義助（玄瑞）は５００余名の兵を率い、18日の午後8時に進軍を開始した。堺町御門に迫り、福井、桑名、会津の兵と戦闘を繰り広げた。久坂は築地塀を乗り越えて公家の鷹司《たかつかさ》邸に潜入したが、足を撃たれて歩くことができなくなった。よって天王山まで逃げて再起をはかることが不可能となる。

蛤御門（MAP・5頁）
門の柱には当時の弾痕が残っている。

清水谷家の椋（MAP・5頁）
蛤御門内にはかつて公家の清水谷家の屋敷があり、邸内の椋の木が今も残る。来島又兵衛はこの木の側で討死したと伝わる。

そこで久坂は親友の入江九一をよんだ。入江はここでの討死を覚悟していたが、久坂は、「なんとかこの状況をきりぬけて、世子定広公に今のこの状況を報告してほしい」と説得した。始めは嫌がった入江も了承し、くぐり戸から出たが、そこで待ち構えていた彦根兵に槍《やり》で突かれた。右目をやられた入江は眼球が飛び出す大怪我を負ったが、傷を手でおさえて久坂がいた場所へ戻ってきたその時、久坂が自刃しようとしていた。髪が乱れて見苦しい状態だったので、入江は鎧《よろい》の下から櫛《くし》を取り出し、ていねいに久坂の髪をすいてやったという。生き残った長州藩士の河北義次郎がその様子を見ていた。

久坂と同志の寺島忠三郎は、鷹司邸内で切腹した。そこに会津藩が大砲を放って、鷹司邸の建物は大炎上してくずれ落ち、久坂と寺島の遺体をおおった。鷹司家の中小姓である兼田義和が翌朝、その場所にあった2人の遺骨を拾って一乗寺の詩仙堂に埋めたという。現在、詩仙堂には、久坂と寺島の位牌がある。久坂25歳、入江28歳、寺島22歳の若さだった。

こうして3方向から京都に攻め上った長州勢は敗れた。

この戦いを禁門の変といい、別名「蛤御門の戦い」「元治甲子《げんじかっし》の変」ともいう。

八月十八日の政変によって長州は薩摩をうらんでいたが、禁門の変によって両者の確執は決定的なものになってしまった。

京都御苑内、鷹司邸跡付近（MAP・5頁）

◆焦土と化した京の町◆

禁門の変の時、嵯峨村の大庄屋だった福田理兵衛は長州藩のために武器や食料を調達した。そして息子とともに来島又兵衛の遊撃隊に加わったが、蛤御門で敗走する。その翌日、薩摩兵は長州の残党狩りに天龍寺にやってきた。そのなかには薩摩藩家老・小松帯刀《たてわき》の姿もあったが、長州兵はすでに撤退した後だった。だが長州の老兵が一人いたので、これを捕虜にし、火薬庫や武器を焼き捨て、残されていた兵糧は被災民に分け与えている。

理兵衛は敗戦後、長州に逃亡する。薩摩兵は理兵衛の家財を没収し、すべて競売で売り払い、その利益は約5千両（現在の約1億5千万円）にもおよんだという。それを村民に分け与えたが、これは薩摩藩の人気取り政策だった。また理兵衛の自宅は焼かれたが、豪邸だったため燃え尽きるのに三日三晩もかかったという。「長州藩に荷担すれば、このようにひどい目にあうぞ」という京都の商人への見せしめだった。理兵衛は幕末の京都における財閥解体の第1号だといわれている。その後、理兵衛は長州で優遇され、長州藩士となる。だが明治5年（1872）、自宅で何者かに殺害されたという（ただし、病死説もある）。

元治元年（1864）7月19日、禁門の変で長州軍は敗走したが、そのなかに薩摩藩の相良《さがら》頼元《よりもと》、相良新八郎と長州藩の楳本僊之助《うめもとせんのすけ》がいた。彼らは逃げ遅れ、樫原《かたぎはら》札の辻（現・京都市西

福田理兵衛

小松帯刀

京区樫原）までやってきたところ、すでに小浜藩士100余名が屯所を設け、大砲4門を据えつけていた。落武者を捕えようと待ち構えていたのである。3人はたちまち追手に取り囲まれたが、抜刀して応戦、6～7人を斬り伏せ、多くの者に傷を負わせた。しかし多勢に無勢で、ついに斬り殺されてしまった。

捨て置かれた3人の遺体は、樫原の村民によって村外れの丘に手厚く葬られた。相良頼元と新八郎は実の兄弟で薩摩藩士であったが、脱藩後は宇都宮藩士と称して長州藩士と行動をともにしていたという。薩摩藩は禁門の変で長州勢と敵対したことから、相良兄弟のことを薩摩藩士だと認めようとしなかった。よって薩摩藩によって祀られることはなかったが、樫原の村民によって丁重に葬られたのである。

天王山まで敗走してきた益田右衛門介や真木和泉ら100余名は、本陣の宝積寺に集まって軍議を開いた。その結果、益田ら長州人は帰国することになり、本国に落ちのびていった。そして真木ら十七士は天王山に立てこもった。真木は「禁門の変」の首謀者であり、敗戦の責任を取るつもりだったのだろう。

7月21日、会津藩200名、新選組、京都見廻組300名などの追討軍が天王山に迫った。近藤勇《いさみ》率いる新選組は急坂を上がっていったが、山上の陣からあらわれた真木和泉は金の烏《え》帽《ぼ》子《し》に、錦の直垂《ひたたれ》という姿だった。真木は、「我こそは義軍の将・真木和泉である。おたがいに名乗りを上げてから戦おうではないか」と、鎌倉武将のように名乗りをあげた。すると近藤も、「我も徳川の旗本にて近藤勇と申す」と応えた。死を決意した真木らは朗々と辞世を吟じ始め、勝どきの声をあげて発砲してきた。そして弾薬が尽きると、陣小屋に駆け込んだ。

火薬に火をつけ、爆発のなかで真木ら十七烈士は自刃した。大爆音の後、黒煙が立ちこめるなか、近藤らは陣小屋のなかで真木らの遺体を発見する。そのいさぎよく、あっぱれな最期にみな感服したという。

真木らの遺体は幕府の命令を受けた村民が、宝積寺の三重塔前あたりに埋葬した。ところが墓標には「長州賊徒之墓」と記されていたにも関わらず、この墓は「残念さん」とよばれ、多くの参拝者が遠くからも訪れ、献花や香が絶えなかった。これをこころよく思わなかった幕府は、墓をあばき、遺体を付近の竹藪に移してしまったという。

禁門の変の戦闘はわずか1日で決着がついたが、その戦火により京の町は3日間燃え続けた。これを「鉄砲焼け」「どんどん焼け」という。市中の3分の2が焦土と化し、下京のほぼ全域と上京の4分の1が焼け、27513軒の民家、東本願寺や因幡薬師、佛光寺など253か所の社寺塔頭が焼失した。これは長州兵が立てこもった鷹司邸に会津藩や桑名藩が大砲を撃ち込み、炎上したことが主な原因である。北から風が吹いていたので、鷹司邸から出火しながら目と鼻の先である御所や周囲の宮家や公家屋敷は燃えなかった。たくさんの人々が親兄弟や子を失い、そして家を失って大変な苦難を味わったが、御所は無事だったので、精一杯の強がりで、「残る所は 禁裏御所 是ぞ嬉しき」と詠ったという。また「焼けあとにかこひもつらず 秋の月」「むしよりも 泣く人多し 秋の月」という句も残っている。

前川五嶺の「甲子兵燹図《かっしへいせんず》」には、戦闘と火災の惨状が絵と文章で詳しく書かれている。流れ弾に当たる町人なども描かれており、まさに反戦の絵である。禁門の変で最も苦しんだのは、京の町衆であった。

禁門の変の混乱を描いた「元治歳京都騒動記」（部分）

薩長同盟

薩長同盟（現代語訳）

一、第二次長州征伐が始まれば、ただちに薩摩は二千余名の兵を上京させ、在京の兵と合流させ、大坂にも一千名ほどを配置して京坂の守りを固めること。

一、第二次長州征伐で長州の勝利が近づけば、薩摩は朝廷に働きかけ、長州の名誉回復のために尽力すること。

一、万一、長州の敗色が濃くなっても半年や一年で壊滅することはないので、その間に薩摩は援護策を講ずること。

一、幕府の兵が戦争せずに引き上げたら、薩摩はすぐに朝廷に図って長州の冤罪をはらすために力を尽くすこと。

一、一橋、桑名、会津らの兵が京坂の薩摩兵を締め出し、薩摩の周旋を阻む時は、すぐさま決戦に及ぶこと。

一、長州の冤罪がはれた時には、両藩は誠意を持って力を合わせて、国家のために身を砕いて力を尽くし、天皇親政を実現させること。

龍馬の裏書き（現代語訳）

表に書かれた六ヶ条は、小松帯刀、西郷、老兄（木戸）、龍馬らが同席して決めたもので、この内容で少しも相違ない。将来になっても決して変わることがないことは、天地神明の知るところである。

西郷隆盛の思惑

禁門の変の後、薩摩藩は幕府を見限って長州藩と同盟を結ぶことになるのだが、それまでの流れを追ってみよう。

禁門の変で長州藩は御所を守っていた幕府側諸藩の兵と交戦し、御所に向かって発砲した。その結果、「朝敵」の烙印を押され、藩主親子の官位を剥奪されてしまう。そして元治元年（1864）7月23日、朝廷は禁裏御守衛総督の一橋慶喜《よしのぶ》に長州征討令を下した。翌日、西国の21藩にも征討令が出され、第一次長州征討が行われることになるが、この時、薩摩藩の西郷吉之助（隆盛）は征長軍の参謀に任命された。当初、西郷は征討に積極的だったが、幕府はなかなか実行しようとせず、西郷は失望していく。

9月11日、西郷は勝海舟と大坂で会談した。当時、勝は幕府の重臣で、軍艦奉行や神戸海軍操練所の頭取を兼務していた。その勝が西郷に幕府内部の腐敗ぶりを話し、薩摩藩など力のある雄藩が協力して国難に当たるべきだと力説した。この勝の話に度肝を抜かれた西郷は、方向を転換し、長州に対する処罰を穏便にすまそうと考えるのである。また長州への厳罰を終えた幕府が、薩摩を次のターゲットにしようとしていることに気づいたともいわれている。西郷は長州と戦わずに勝つ方法を模索するようになった。

一橋慶喜

10月22日、大坂城で征長総督の徳川慶勝《よしかつ》が軍議を開き、幕府側諸藩が11月18日、長州藩に総攻撃を開始することが決まった。だが、ほとんどの藩が財政難から長州征討に消極的であった。その2日後、西郷は慶勝に謁見し、征長戦が無益なことを上申した。国内での戦乱が長引けば、外国勢力が介入してくる危険性もあり、戦わずに長州に勝つ策を示したのである。慶勝はこの策に賛成し、長州の処分を西郷に一任した。岩国に入った西郷は、領主の吉川経《つね》幹《まさ》と会談し、長州三家老の処分を長州に申し入れるようにたのんだ。

少し時をさかのぼるが、長州藩は同年8月5日から8日まで英、仏、蘭、米の4か国連合艦隊17隻と下関で戦って敗北した。よってこの時の長州藩に幕府軍を迎え撃つ力はなかった。それでも藩論は真っ二つに割れたが、征討軍への恭順を主張する「俗論党」が、交渉して決別したら戦うべきとする「正義党」を圧倒した。そこで俗論党は、禁門の変の責任者である三家老の切腹と四参謀の処刑を行って征討軍に降伏した。11月16日、慶勝はこの長州の謝罪を認め、18日の征討軍の進撃は中止された。西郷の思惑通りに戦わずして長州に勝ったのである。

西郷が戦わずに長州を屈服させたことで、幕府は大きな勘違いをした。勝ったのは幕府の実力であり、長州藩をふたたび討とうと考えたのである。そして将軍・家茂《いえもち》が第二次長州征伐のために江戸を出発したことを知った西郷は、小松帯刀《たてわき》に「幕府の滅亡の時は近い」と手紙に書いている。

このころ、土佐脱藩浪士の坂本龍馬は路頭に迷っていた。それまで龍馬は勝海舟のもと、神戸の勝塾で渉外のような仕事をしていた。ところが勝が責任者をつとめていた神戸海軍操

勝海舟

坂本龍馬
昭憲皇太后に献上された写真。

練所から池田屋事件や禁門の変に参加者を出したため勝は謹慎させられ、操練所も閉鎖されてしまった。二度目の脱藩中だった龍馬は行き場を失い、勝は龍馬らの身柄を薩摩藩家老の小松帯刀に預けた。その結果、龍馬ら30名が薩摩藩の庇護を受けることになるのである。

その翌日、土佐脱藩の中岡慎太郎が鹿児島にやってきて西郷を訪ねた。中岡は、長州に対する処罰を穏便にすませた西郷に期待し、薩長を和解させたいと考えていた。そして西郷に下関で木戸孝允《たかよし》（桂小五郎、当時は木戸準一郎）に会うようにすすめた。また龍馬も薩長を和解させようと下関で木戸と会談した。龍馬は、西郷との会談を持ちかけその了承を得たが、これが薩長同盟への第一歩となった。

慶応元年（1865）閏《うるう》5月15日、西郷と中岡慎太郎は薩摩藩船の胡蝶丸《こちょうまる》に乗り込んで、木戸の待つ下関に向かった。龍馬も木戸と西郷の到着を待っており、この会談で薩長の和解が成立するものと思われていた。ところが京都にいた大久保一蔵（利通）から「幕府の長州再征を阻むために一刻も早く上洛して欲しい」という手紙が届くと、西郷は急に予定を変更した。長州との和解に反対していた大久保の言葉にしたがい、大分の佐賀関で慎太郎を下ろして京へ上がってしまったのである。

会談をすっぽかされた木戸は激怒した。「八月十八日の政変」や「禁門の変」で長州藩は薩摩藩にこっぴどくやられ、今回は和解の会談をキャンセルされたからである。龍馬と慎太郎はなんとか木戸をなだめたが、木戸は西郷に2つの条件を出した。1つ目は薩摩藩の方から使者を派遣して和解を申し込むこと、2つ目は薩摩藩の名義を借りて外国商人から軍艦を購入できるようにすることであった。禁門の変で朝敵になっていた長州藩は外国から武器を買

神戸海軍操練所寮

小松帯刀

うことが禁止されていたのである。この木戸の要求に応えるために、龍馬は亀山社中という商社を設立することになる。薩摩藩は兵糧米の不足に頭を悩ませており、長州は米を持っていたが武器を買うことができなかったため、龍馬はおたがいの欲しいものを交換することで、犬猿の仲だった薩長に信頼関係を築かせようとしたのである。そして西郷は龍馬と会って会談をキャンセルしたことを謝罪し、薩摩藩名義で長州の武器を購入することを約束した。これによって和解への道筋がつき、同盟への一歩となった。

龍馬率いる亀山社中は長州が依頼する洋式銃を薩摩の名義を使ってイギリス商人トーマス・グラバーから購入して薩摩の胡蝶丸に積み込み、下関に運んだ。また亀山社中はグラバーから「ユニオン号」の購入にも成功し、社中の活躍によって長州のわだかまりは少しずつ解けていった。

◆慶応2年1月21日◆

慶応2年（1866）1月8日、木戸ら長州藩士は京都の薩摩藩二本松屋敷に入った。ただし、この時、木戸に同行していた品川弥二郎の回想録である「品川弥次郎述懐談」（同行していた中

中岡慎太郎

トーマス・グラバー

原邦平が後年になって聞き取ったもの）によれば、「桂一行が京都についたのは慶応2年の正月8日で、すぐに相国寺の近辺にあった西郷氏の邸宅に入ったのです」とある。相国寺の近くにあった西郷氏の邸宅とは塔之段にあった寓居のことである。当時、長州藩は朝敵になっていたため、長州藩士は薩摩藩邸に滞在することができず、二本松屋敷では挨拶だけを交わしてすぐに西郷邸に入ったという説がある。そして木戸らは西郷や薩摩藩家老の小松帯刀や桂右衛門久武らと会談することになったが、木戸の心境は複雑だった。長州から薩摩に頭を下げて同盟締結を乞うことは、禁門の変で命を落とした同志達の名誉を傷つけるものだと考えたからである。1月20日の午後になって、ようやく仲介役だった龍馬が京に入った。龍馬はすでに同盟は結ばれているものだと思い込んでいたが龍馬が木戸を訪ねたところ、木戸は意気消沈し、帰り支度をしていた。そして木戸は龍馬に次のように語ったという。「毎晩酒宴は催されるものの、薩摩側からは同盟の話は出てこない。薩摩は中立の立場も取れるし、長州の味方になることもでき、その進退は自由である。一方、長州は天下を敵にまわして孤立しているため、薩摩の方から同盟の話をきり出そうとはしない。長州から言い出すことは、薩摩に憐れみを乞うことになってしまう。例え長州が焦土となろうとも藩の面目を落とすようなことはできない。よって同盟は諦め、私は帰国を決心した。しかし、これまでの尽力のお礼を言うために、君が来るのを待っていたのだ」というのである。

これを聞いた龍馬は、「長州藩の体面も分かるが、この同盟は日本国を救うためのものである。長州の私情を持ち込まないで欲しい。しばらく待ってくれ」と言って、西郷を訪ねた。そして西郷を説得した結果、薩摩の方から同盟の話が申し込まれることになった。慶応2年

薩摩藩二本松屋敷跡碑
（MAP・5頁）
薩摩藩二本松屋敷の敷地は現在の同志社大学のキャンパスとほぼ重なる。

小松帯刀寓居跡碑
（MAP・5頁）
薩摩藩二本松屋敷から徒歩10分ほどの距離にある。

（1866）1月21日、小松帯刀の寓居（五摂家の一つである近衛家別邸の御花畑屋敷）で、木戸、小松、西郷が出席し、龍馬が立ち会って薩長同盟が結ばれた。「三吉慎蔵日記」にも「廿一日、桂小五郎、西郷トノ談判（薩長両藩和解シテ王政復古ヲ企画スルコト）約決ノ次第」とある。

❖龍馬、襲撃される❖

薩長同盟が締結する4日前の慶応2年（1866）1月18日、龍馬は大坂城代をつとめていた幕臣の大久保忠寛（一翁）と面談した。この時、龍馬は身の危険を忠告された。すでに幕府の役人は龍馬の入京を探知しており、指名手配されていたのである。そこで龍馬は高杉晋作から贈られた6連発のピストルで、長府藩士の三吉慎蔵は寺町で買い求めた槍《やり》で武装した。

1月23日の夜、龍馬は伏見の寺田屋に戻り、三吉慎蔵に同盟が無事に結ばれたことを報告した。2階の座敷で二人は祝杯をあげ、今から寝ようとしていた深夜2時ごろ、伏見奉行の林《はやし》肥後守忠交《ひごのかみただかた》配下の捕方約100名（20名とも）が寺田屋を包囲した。龍馬の妻だったお龍の聞き書きをまとめた「千里駒後日譚《せんりのこまごじつのはなし》」によると、お龍が風呂に入っていると窓から槍が突き出してきたという。そこでお龍は、わざと2階に聞こえるような大きな声で、「女が風呂に

龍馬愛用のピストルと同型のスミス・アンド・ウェッソン32口径。高杉晋作が上海で手に入れ、龍馬に贈った。

入っているのに槍で突くなんて誰だ、誰だ」とさけんだ。すると捕方は、「静かにせい。騒ぐと殺すぞ」と言ったが、お龍はぬれ肌に袷《あわせ》を一枚ひっかけた姿で階段を駆け上がった。裸同然のお龍が部屋に飛び込んできたため龍馬と慎蔵は驚いたが、状況を聞かされ戦闘態勢を整えた。

龍馬は大小の刀を差し、6連発のピストルを手に取った。慎蔵は急いで袴《はかま》をはき、槍を構える。慎蔵は宝蔵院流の槍の名人だった。そこに捕方が押し寄せたため、龍馬は、「なぜ薩摩藩士に無礼を働くのか」と言った。当時、龍馬は「薩摩藩 西郷伊三郎」を名乗っていたからである。しかし捕方が、「それは偽名であろう」「座れ、座れ」と進んできたため龍馬は数名を撃った。だが龍馬は左右の親指と左の人差し指を斬られてしまい、さらにその銃は6発込だったが、その時は5発しか込めておらず、あと1発になってしまった。捕方の死傷者は、龍馬が坂本権平に宛てた手紙には3名、木戸孝允宛には5名となっている。

銃を怖れた捕方は前に来なかったため、その間に龍馬は弾を込めようと弾倉を外した。2発までは込めたが、左右の指に傷を負っていたため、誤って弾倉を落としてしまった。龍馬は弾倉を探そうとしたが、ふとんや火鉢の灰などがたくさん転がっていて、見つけ出すことができなかった。銃を投げ捨てる龍馬を見た慎蔵は、「敵中に斬り込んで戦おう」と言った。しかし龍馬が、「いや逃げよう」と言うと慎蔵も槍を投げ捨て、うしろにかけてあった梯子《はしご》から逃げた。そして薩摩藩伏見屋敷をめざして、北へ5町ばかり（約550メートル）逃走した。しかし龍馬は病み上がりだったので息切れがし、敵に追いつかれそうで心配になった。そこで水路へ飛び込んで材木小屋に逃げ込み、2人ともその棚の上に隠れた。だが運悪く犬が吠

寺田屋女将・登勢

お龍

三吉慎蔵

えてとても困ったという。慎蔵は、「逃げ道はない。敵に殺されるくらいならいざぎよく死を選ぼう」と言ったが、龍馬は、「死ぬ覚悟なら薩摩藩伏見屋敷へ走ってくれ。もし敵に見つかればワシもこの場で死ぬ」と言ってはげました。

この言葉に慎蔵は奮起し、薩摩藩邸に駆け込んだところ、留守居役の大山彦八が出迎えてくれた。じつは慎蔵よりも先に、お龍が薩摩藩邸に走り、龍馬の危機を伝えていたのである。材木小屋も藩邸も川岸にあったため、大山は船で龍馬の救出に向い、無事に助け出した。

平成21年（２００９）、それまで龍馬側の資料しか残っていないといわれていた、この事件に関する幕府側の資料が初めて見つかった。発見されたのは伏見奉行所が京都所司代に提出した報告書２通の写しで、龍馬が所持していた書類を押収したと成果を強調する一方で、治外法権だった薩摩藩邸への突入をためらう様子が記されている。伏見奉行は龍馬を取り逃がした負い目もあって、手柄をことさら強調した内容になっている。

◆◆ 龍馬、ハネムーンにでかける ◆◆

薩長同盟は密約だったため文章化されず、不安になった木戸は龍馬に内容証明の裏書きを

伏見市街には今も水路が数多く残っている（寺田屋付近）。

求めた。薩長同盟の内容である全六箇条を手紙に記して龍馬に送り、龍馬は朱墨で裏書をして同盟の証人となった。朱（赤）は「赤心」（嘘偽りのない心）をあらわしている。

薩長同盟は第二次長州征伐に向けた長州救援の同盟であり、薩摩藩は第二次長州征伐に反対し、幕府との対立姿勢を強めていった。薩摩は薩英戦争がきっかけでイギリスと結びついたが、幕府はフランスの全面的なバックアップを得ており、イギリス・フランス双方の思惑《おもわく》が両者の溝をさらに深いものにしていった。

寺田屋で襲撃された龍馬は薩摩藩伏見屋敷で手当を受けたが、指の傷は動脈まで達しており、重傷だった。1月30日に龍馬の身柄は薩摩藩京屋敷に移される。そして龍馬は傷の治療のために薩摩の温泉で湯治をすることにした。西郷や小松がすすめたようだが、幕府役人の追及を逃れる目的もあったと思われる。この旅が龍馬とお龍の新婚旅行になったが、お龍の談話を信じるならば、二人は元治元年（1864）の5月ごろには内縁関係になっていたようである。慶応2年（1866）3月5日、龍馬とお龍、三吉慎蔵らは薩摩の汽船である三邦丸に乗り込み、大坂の淀川から鹿児島に向かった。3月10日に鹿児島へ到着し、日当山温泉に一泊して湯治をした。次に塩浸温泉に向かい、二人はここに合計18日間も滞在して谷川で魚釣りをしたり、ピストルで鳥を撃ったりと楽しい時間をすごしている。

その後、龍馬とお龍は霧島山登山に出発した。高千穂峰山頂に立つ「天《あま》の逆鉾《さかほこ》」という御神体を見て、霧島神宮に参拝するのが目的であった。頂上にたどり着いた二人は、いたずらで御神体を引き抜いたという。龍馬はこの旅行の様子を姉の乙女《おとめ》に手紙で報告している。

前年の9月21日に長州再征の勅許《ちょっきょ》を得ていた幕府は、薩摩藩にも出兵を命じた。しかし薩

坂本乙女

摩藩は、「第一次長州征伐ですでに謝罪している長州を攻撃する大義名分はない」と出兵拒絶書を提出した。西郷は木戸との約束を守ったのである。

それに対して幕府は6月7日、ついに第二次長州征伐の攻撃を開始した。再征の勅許を得てから9か月弱も攻撃に踏み切れなかったことが、幕府の弱体ぶりを示している。しかも幕府軍には薩摩藩や芸州藩など有力諸藩は不参加だった。

それでも33藩10万人の幕府軍は、3500人の長州勢を圧倒した。大島(周防大島)口、芸州(安芸)口、石州(石見)口、小倉口の四方から攻め込み、緒戦で周防を占領した。ところが幕府側諸藩は第一次長州征伐で戦費を使って財政危機に陥っており、積極的に戦う意志はなかった。さらに武器は旧式の火縄銃で統制もバラバラだったのに対し、長州軍は薩摩名義で買った新式銃を装備して近代的な軍政で応戦した。なにより長州は藩の存亡がかかっていたため志気が高く、必死に戦ったのである。

戦意の低かった幕府軍は次第に劣勢となり、総くずれとなる。九州諸藩は命令を無視して撤兵し、8月1日には長州藩の高杉晋作が幕府軍の本拠地だった小倉城を陥落させた。じつは7月20日、幕府軍にとって向かい風となるできごとが起こっていた。14代将軍の徳川家茂が大坂城で急死していたのである。幕府は家茂の死を隠し、慶喜は将軍名代として出陣を決めていたが、そこに小倉城陥落の報が届いた。慶喜は勝ち目がないと判断して撤退を選び、朝廷から休戦命令を出させた。さらに9月19日、幕府は撤兵を命じ、第二次長州征伐は幕府軍の敗退で幕を閉じた。西郷の思惑通りになったのである。そして停戦協定で幕府側の代表となったのが勝海舟だった。

高杉晋作

坂本龍馬と亀山社中

慶応元年（1865）、軍艦奉行で神戸海軍操練所頭取だった勝海舟が失脚すると、勝の海軍塾や操練所に身をよせていた龍馬ら塾生は行き場所を失った。しかし龍馬は、この大ピンチをチャンスに変え、薩摩藩と結びつく。慶応元年閏《うるう》5月ごろ、薩摩藩の庇護《ひご》を受けた龍馬は亀山社中という商社を結成し、薩長の和解のために貿易を行った。

亀山社中の本部は、長崎の豪商・小曽根英四郎の別邸に置かれ、長州の依頼でグラバー商会から洋式銃7300挺を買う商談が社中の初仕事となった。

その後、社中の近藤長次郎は蒸気船ユニオン号の購入にも成功した。購入金額の3万7500両（最終的には5万両）は長州藩が支払い、薩摩藩の名義でグラバーから購入。表向きは薩摩藩の所有とし、下関に向かった。長州では「乙丑丸《いっちゅうまる》」と命名された。

龍馬率いる亀山社中の活躍によって、長州藩は洋式銃や軍艦を手に入れることができ、犬猿の仲だった両藩は和解し、薩長同盟が結ばれることになった。

社中は慶応2年（1866）10月に、やっと月給制になったが、給料は全員同額の3両2分で、毎月3日に薩摩藩の小松帯刀《たてわき》から支給された。その後、龍馬は経営的に行き詰まっていた社中を改編し、海援隊を結成する。

亀山社中は政治活動を行いながら、貿易や海運、人材派遣も行ったが、海援隊ではさらに出版事業も手がけ、『閑愁録《かんしゅうろく》』『和英通韻以呂波便覧《わえいつういんいろはびんらん》』『藩論』を出版している。

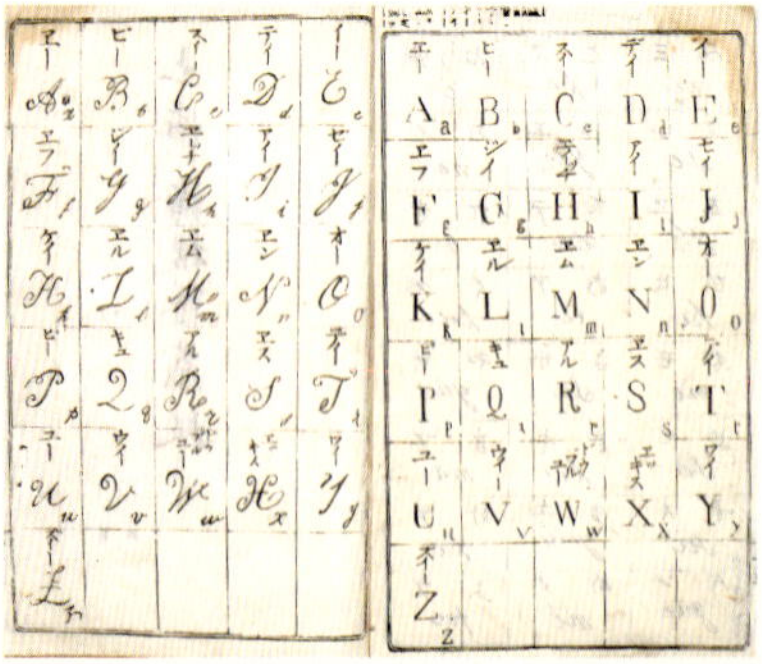

『和英通韻伊呂波便覧』とはいわゆる和英辞典のこと。海外との貿易には必要な書籍であった。

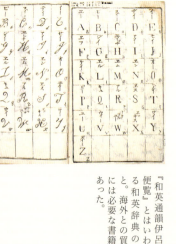

大政奉還

武力討幕派 × 大政奉還派

大政奉還派

非現実的

- 文久2年7月ごろ　大久保一翁（幕臣）
- 文久3年1月　勝海舟（幕臣）
- 元治元年4月　平岡円四郎（一橋慶喜の家臣）

実現へ

- 慶応3年6月　坂本龍馬（海援隊隊長）→ 船中八策 → 後藤象二郎（土佐藩参政）→ 山内容堂（土佐前藩主）

武力討幕派

- 公卿　岩倉具視
- 土佐藩　中岡慎太郎　乾（板垣）退助
- 薩摩藩　西郷隆盛　大久保利通
- 長州藩

◆龍馬の妙案◆

坂本龍馬は薩長同盟で薩摩藩と長州藩という二大倒幕勢力を結びつけたが、次は平和的な政権交代を模索する。それが大政奉還だった。

龍馬と土佐藩参政の後藤象二郎《しょうじろう》は、慶応3年（1867）6月9日、土佐の藩船に乗り込み、長崎から京へ向かった。12日に船は兵庫に入ったが、その船中で龍馬は後藤に「船中八策」を示したが、その第一義が、「大政奉還論」だったという。そして龍馬が後藤に伝えたその場で、海援隊書記官の長岡謙吉が速記したとも、15日に長岡が京都で成文化したともいわれている。大政奉還論を聞いた後藤は感服し、これを土佐の藩論にしようと土佐前藩主の山内容堂《ようどう》に建白した。公武合体派だった容堂は、武力討幕を回避できる妙案だと飛びついた。

しかし「船中八策」は原本も写本も現存しないことから、近年、存在しなかったのではないかという説が有力である。つまり、「船中八策」のような龍馬の政策案は実在したようだが、その内容は龍馬の後裔が、龍馬の考えた「新政府綱領八策」をもとに作成し、「船中八策」という名称も後世の研究家が名づけたという説である。しかしながら船中八策の有無は別として、龍馬が後藤に示した大政奉還論が土佐藩の藩論となり、歴史を大きく動かしていく。

ちなみに大政奉還が行われる5年も前から、大政奉還論を唱えていた人物がいた。幕臣の

土佐前藩主・山内容堂

後藤象二郎

大久保忠寛《ただひろ》（一翁）である。一翁は非常に有能な人物で開国論者だったが、一翁の大政奉還論は龍馬のそれとは違い、倒幕や王政の復古を望んでのものではなかった。朝廷は攘夷の実行にこだわったが、一翁は不可能だということを知っていた。そこで幕府は朝廷に政権を返上して駿河・遠江・三河の三国を統治する一大名に戻り、あとは朝廷に任せばよいという主張だった。朝廷に政権を担当させて、攘夷の不可能を思い知らせようと考えたのである。

龍馬が初めて一翁のもとを訪ねたのは文久3年（1863）1月のことだった。このころ、一翁は幕府に大政奉還を献策したことにより、大目付兼外国奉行から講武所奉行に左遷され、さらに講武所奉行を御役御免となり、謹慎処分を受けていた。そして同年4月、龍馬2度目の訪問時に、一翁は刺される覚悟で龍馬らにその胸の内を打ち明けた。それが大政奉還論だったと思われる。この時、感銘を受けた龍馬は手をたたいて賛同し、「幕府にとっては大不幸、我らにとっては大幸」と評した。一翁は元治元年（1864）にも幕府に大政奉還を建言したが、開明的すぎる思想を持っていたために罷免や復職を繰り返した。また龍馬の師である勝海舟も文久3年1月に大政奉還を唱えて将軍職の辞退を議論しているし、越前福井藩の前藩主である松平春嶽《しゅんがく》も大政奉還論を唱えていた。しかしどれも現実的な論ではなく、実現への道筋をつけた龍馬の功績は色あせることはないだろう。

龍馬の大政奉還論は、武力討幕に対する不戦倒幕であった。今は国内で争っている時ではないと考え、武力討幕によって国内が二分することを恐れた。当時、西洋列強諸国は極東地域における植民地政策を進めており、ロシアも南下政策をとっていた。もし内戦が起これば、日本も清国のように列強諸国の餌食《えじき》になってしまうと危機感をつのらせていたのである。

大久保忠寛（一翁）

松平春嶽

しかしその後、龍馬は大政奉還による平和倒幕論はあくまでも理想であって、現実はそんなに甘くないと気づく。当初、龍馬は大政奉還が失敗した時のことは考えていなかったが、途中から武力討幕も視野に入れて行動していくことになった。そしてオランダの商人ハットマン（ハルトマン）から新型ライフル銃1300挺を購入して、1000挺を土佐藩に運び、200挺を海援隊用に大坂に送った。龍馬は大政奉還と同時進行で武力討幕の準備も進めたのである。

◆慶応3年10月14日◆

話は少しさかのぼるが、慶応3年（1867）2月、薩摩の西郷吉之助（隆盛）は土佐国に入って前藩主の山内容堂に謁見し、薩摩と土佐の提携を訴えた。しかし土佐ではまだまだ公武合体派が強い力を持っており、武力討幕には固まらなかった。

薩摩藩は土佐藩への不信感をつのらせたため、武力討幕派だった中岡慎太郎は江戸に遊学中だった乾退助（板垣退助）を京へよび寄せた。乾は西郷に、「1か月の猶予をもらえれば、土佐の同志と武力討幕に参戦するために上洛する。もしできなければ切腹する」と約束した。

中岡慎太郎

また慎太郎も、「乾氏が約束を破るようなら、私も腹を斬る」と言い、西郷は喜んだ。そして同年5月21日、薩土盟約の前段階となる「薩土討幕の密約」が結ばれることになった。

しかしその後、龍馬の献策によって土佐の藩論は大政奉還論に傾いていく。6月22日、京都三本木の料亭・吉田屋に土佐の後藤象二郎や福岡藤次（孝悌《たかちか》）、薩摩の西郷や小松帯刀《たてわき》、大久保一蔵（利通）が集まり、龍馬と慎太郎も同席して「薩土盟約」が結ばれた。内容は土佐藩の意向が強く反映され、武力討幕から大政奉還による王政復古にシフトしたものだった。武力討幕派の薩摩藩と大政奉還派の土佐藩が見いだした妥協点だといえる。また25日には芸州広島藩も加えて、薩土芸三藩約定書が結ばれた。

だが薩摩藩は土佐藩の大政奉還論に協力すると表明しながら、じつは裏で着々と武力討幕の準備を進めていた。そして9月6日、ついに行動に出る。島津久光《ひさみつ》の三男が率いる千余名の兵が大坂に到着したのである。翌日、後藤は西郷を訪ねた。後藤も幕府が大政奉還に反対した場合には武力行使も視野に入れており、西郷に率兵上京を約束していた。しかし山内容堂が「大政奉還には武力は必要ない」と出兵を認めなかったため、約束の兵を連れていなかった。西郷は約束が違うと怒ったに違いないが、後藤は土佐の藩論は「大政奉還」に決定したと告げ、西郷に同意を求めたのである。西郷と小松はこれを拒絶し、薩土盟約は破棄されることになった。同月、大久保らは長州を訪れ、長州藩と出兵盟約を結んだ。さらに広島藩の家老を説得し、武力討幕に賛成させた。

その後、後藤は武力討幕論をひっくりかえし、また武力討幕派が巻き返すという政治的駆け引きが続く。後藤は老中の板倉勝静《かつきよ》や慶喜の側近で若年寄格の永井尚志《なおゆき》に会って大政奉還

大久保利通

三本木の吉田屋跡碑

を力説した。龍馬も福岡藤次の紹介で永井を数回訪ね、大政奉還の建白を受け入れるように訴えた。永井は龍馬のことを「後藤より一層高大にて説く所も面白し」と高く評価している。

慶応3年（1867）10月3日、山内容堂は幕府に「大政奉還の建白書」を提出した。すると武力討幕派だった薩摩や長州、公家の岩倉具《とも》視《み》らは武力討幕の大義名分となる「討幕の密勅」を得ようとした。大政奉還が行われて武力討幕の理由を失う前に、その大義名分を手に入れ、天皇を味方につけることが不可欠だと考えたのである。

岩倉は腹心の国学者・玉松操《たままつみさお》に「討幕の詔勅」を起草させ、中山忠能《ただやす》、正《おお》親《ぎ》町《まち》三条《さんじょう》実愛《さねなる》、中《なか》御《み》門《かど》経之《つねゆき》の公家3人は天皇から密勅を下されたという。その内容は、「賊臣である徳川慶《よし》喜《のぶ》を殺し滅ぼせ」という過激なもので、あわせて「京都守護職の松平容保《かたもり》や京都所司代の松平定敬を攻め討て」との朝廷の命令も下された。ただ、この密勅は3人の公家の花押《かおう》や天皇の名がないことから偽勅説もある。しかしながら、この密勅は10月13日付で薩摩藩主の父子、14日付で長州藩主の父子に下された。薩長はなんとか武力討幕の大義名分を得たのである。

この動きに対して、15代将軍の徳川慶喜は先手を打った。慶応3年（1867）10月13日、京都にいる10万石以上の藩の重臣を二条城の大広間に招集し、40藩50数名が集まった。発表された内容は大政奉還についてであり、老中・板倉勝静は朝廷への上奏案を発表、参集の重臣に賛否を諮問《しもん》した。ほとんどの者は意見を言わずに退出したが、会合の後、薩摩・広島・土佐・岡山・宇和島の各藩重臣のみが慶喜に謁見し、その英断を賛美して朝廷に奏上することを請うた。そのなかには後藤象二郎や小松帯刀の姿もあった。

ちなみに大政奉還の様子を描いたといわれている有名な絵（邨《むら》田《た》丹陵《たんりょう》画・明治神宮聖徳記念絵

徳川慶喜

大政奉還上奏文（訳文）

臣下である私（慶喜）が謹んで、日本国の歴史の沿革を考えてみますと、昔、天皇の統治が乱れ、相家（摂関家＝藤原氏）が政権を執り、その後、保元の乱・平治の乱で政権は武士に移り、祖宗（徳川家康）に至りました。さらに朝廷の寵愛を受け、二百余年、その子孫が政権を受け継いできました。私は将軍となりましたが、政治と刑罰が道理にかなっていないことも少なくなく、今日の形勢に至っておりますのは、つまるところ私の不徳の致すところであり、恥じ恐れることに堪えません。まして昨今は、外国との交際が日に日に盛

画館蔵）は、じつはこの13日の様子を描いたものではない。前日の12日、慶喜は京都守護職の松平容保をはじめ、京都にいた側近たちを二条城の「黒書院」に集め、直接、大政奉還の決意を伝えたが、その時の様子を描いたものである（翌日の13日に諸藩の重臣たちが二条城の「大広間」に集められた）。その証拠に、この絵に描かれている部屋の襖絵《ふすまえ》は「大広間」ではなく、「黒書院」のものである。また13日、慶喜は40藩の重臣たちの前には姿をあらわさず、老中の板倉が諮問したが、この絵には慶喜の姿が描かれている。

話が少し脱線したが、ついに大政奉還を決断した慶喜は、翌14日にその上奏文を朝廷に提出した。そして15日、朝廷の会議によって政権の返上が認められた。大政奉還は世界でも稀な武力によらない政権交代だったが、慶喜は大政奉還という大芝居に打って出て、ギリギリのところで武力討幕派の機先を制し、その大義名分を奪い去ったのである。

◆龍馬と慶喜の構想◆

10月13日、後藤象二郎は慶喜の大政奉還を称賛し、二条城から戻ってきた。そして、すぐさま龍馬に手紙を書いている。その時、龍馬は酢屋（近江屋という説もある）の一室で海援隊の

んになってきましたので、いよいよ政権を朝廷一つにまとめなければ国家の規律が保てなくなってきました。従来の旧習を改め、政権を朝廷に返上して、広く天下の公議を行い、天皇のご判断を仰ぎ、皆で協力して共に日本国を守るならば、必ず海外のあらゆる国と並び立つことができます。私(慶喜)が国家に対して尽くせることは、これ以上のことはないと思います。しかしながら他の意見があるならば申すように諸侯へ伝えます。これによりこの段慎んで奏上致します。

以上

同志と、後藤からの報告を待っていた。もし大政奉還がなされなければ、出撃して慶喜を討ち取る覚悟だったからである。

後藤の手紙には、「大樹公（将軍）は政権を朝廷に返す号令を示しました。明日、朝廷に奏上し、明後日に参内して勅許を受け取ります。またすぐに政事堂を仮に設置し、上院・下院を創設することになりました。まさに千年に一度巡り合えるかどうかのことであり、これは天下のため、万民にとってこの上ない喜びです」と書かれていた。慶喜の英断に感激した龍馬は、男泣きに泣いたという。これで内戦を避けることができ、多くの命が救われたからである。また、日本は近代国家として新しい道を歩き始め、内外ともに開かれた世の中になると龍馬は感じたことだろう。龍馬は海援隊士の中島作太郎（信行）に、「慶喜公の今日の心中を深くお察しします。よく決断して下さいました。私は誓って慶喜公の為に一命を捧げましょう」と語ったという。かたわらにいた片岡健吉が伝え残している。

ただ慶喜にはもくろみがあった。土佐藩が大政奉還を建白した後、慶喜はそのタイミングをじっとうかがっていたのである。慶喜にとって大政奉還はあくまで切り札の一つだったからだ。政権を返上したところで、朝廷には政治を行う機関も能力なく、その実権はふたたび慶喜が握ることは明白だった。また徳川家は政権を失っても日本一の領地を持つ大大名であることに変わりはなく、将軍という「名」は捨てても、領地という「実」を残そうとしたのである。それに、この時点で朝廷内の主導権を握っていたのは上級公家で、摂政の二条斉敬《なりゆき》や賀陽宮《かやのみや》朝彦親王らは幕府に好意的だった。対する武力討幕派の公家である岩倉具視は失脚中で、三条実美ら五卿もまだ追放されたままだった。

二条城（MAP・7頁上）

中島作太郎（信行）

よって慶喜が夢見ていた「大君政府」（82頁参照）も実現する可能性があったのである。しかし、武力討幕派の目的はあくまでも徳川勢力の一掃であり、大政奉還でとどまるものではなかった。そこで慶喜に先手をうたれた岩倉、西郷、大久保らは「王政復古のクーデター」を画策し、親幕派である二条斉敬や賀陽宮朝彦親王らの追い落としをはかった。そして武力討幕派の公家や薩長を中心とした新政府の実現をめざしたのである。

そのころ、龍馬はさっそく次の仕事に取りかかっていた。後藤の手紙に書かれていた「政事堂の設置」と「上院・下院の創設」である。10月16日、龍馬は三条家家臣の戸田雅楽《うた》（尾崎三良《さぶろう》）と協力し、新政府の役職名簿である「新官制擬定書」の作成にとりかかった。そして関白や内大臣、議奏、参議といった役職に公卿や大名、藩士の名を配置していったが、驚くべきことに徳川慶喜を内大臣に指名するつもりだったのである。龍馬は、みずから政権を返還した慶喜のことを非常に高く評価していたのだ。

ところが後藤の手紙には嘘があった。二条城では政事堂や上院・下院の話は一切議論されていなかったのである。後藤は大政奉還の実現に舞い上がってしまい、自分の願望まで書き添えていたのだ。しかし、この名簿は後藤から岩倉に渡り、実際に王政復古後の職制の原型になったという。嘘から生まれた名簿が本物になったのだ。

11月に龍馬は「新政府綱領八策」という新政府の政策案を作成したが、盟主の名をあえて○○○と伏せ字にしている。おそらく慶喜や山内容堂、島津久光、松平春嶽などの名前が入ると思われるが、幕臣には「慶喜公」、土佐藩士には「容堂公」、薩摩藩士には「久光公」なPどとと説明するために玉虫色にしたのである。

三条実美

徳川慶喜の「大君政府」構想

15代将軍の徳川慶喜《よしのぶ》は、幕府主導による新政権「大君政府」を構想していた。土佐藩などの大政奉還派は公議政体をめざし、武力討幕派は王政の復古をもくろんでいたが、慶喜は長州の木戸孝允《たかよし》から「家康の再来」とまでいわれた人物で、頭脳明晰、その知略は武力討幕派から恐れられていた。

慶喜は西周《にしあまね》を側近として、徳川家を中心とした憲法案「議題草案」によって実権を握ろうと考えていた。西周は蕃書調所教授手伝並《ばんしょしらべしょきょうじゅてつだいなみ》であったが、文久2年（1862）、オランダに留学し、慶応元年（1865）末に帰国した。オランダで、五科（性法、万国公法、国法、経済、統計）を学び、海外の政治システムに精通した人物だった。

「議題草案」によると、将軍は「大君」として君臨し、行政は「公府」が国内外の問題をとりあつかい、立法は上院と下院からなる「議政院」が法律を定め、この両者を大君が支配するという政治システムであった。

また天皇には実権を握らせず、法律の認定や元号の制定、位階の授与などの権限しか与えていない。天皇は法律の裁可のみで、拒否権を与えなかったのである。

慶喜はこれまでの徳川独裁政権から、親藩《しんぱん》や外様《とざま》大名もふくめた雄藩連合政権を樹立し、より強固な支配体制を築こうとしていたのだ。

大君政府による新政権構想

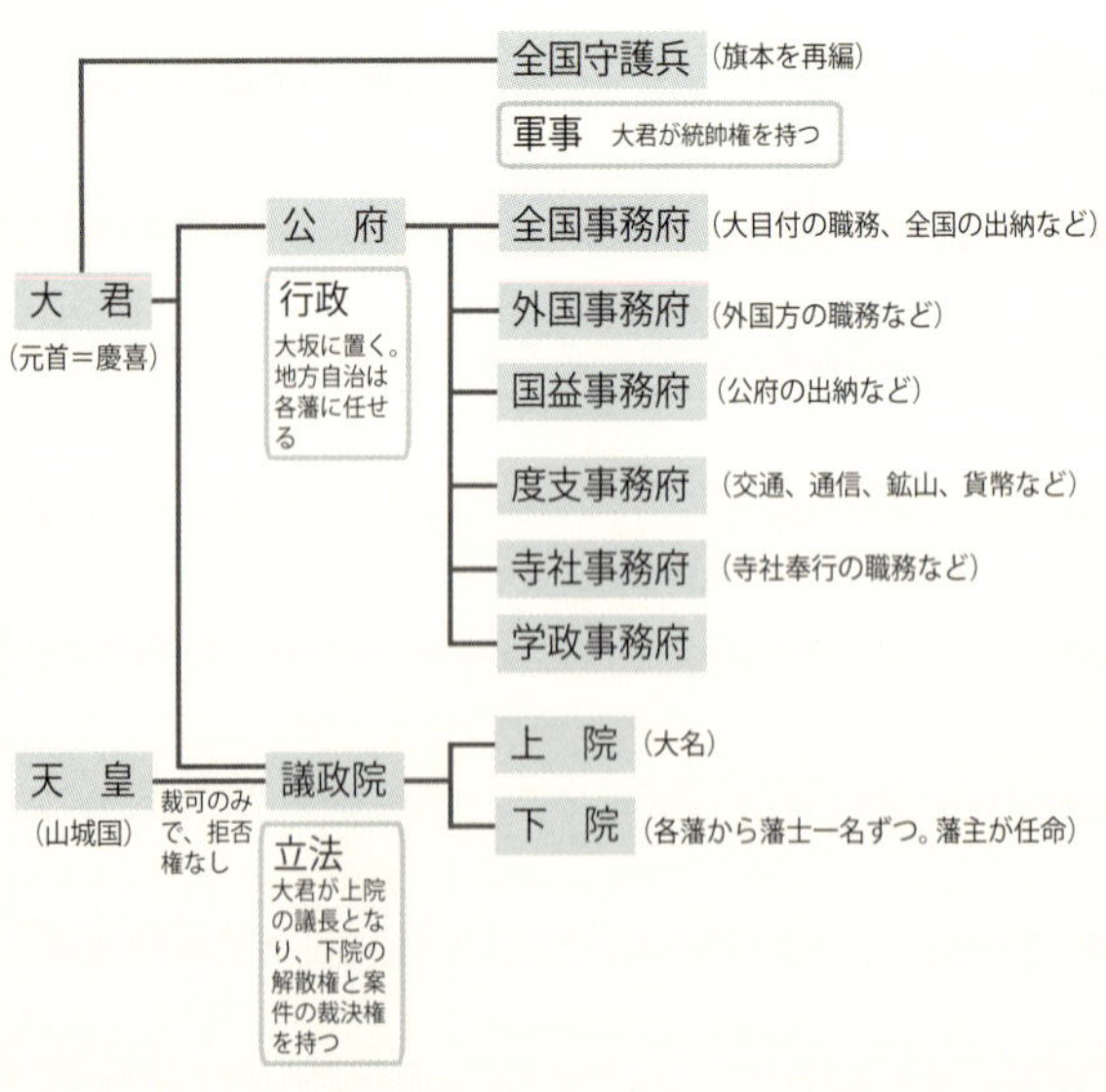

坂本龍馬暗殺

【近江屋周辺図】

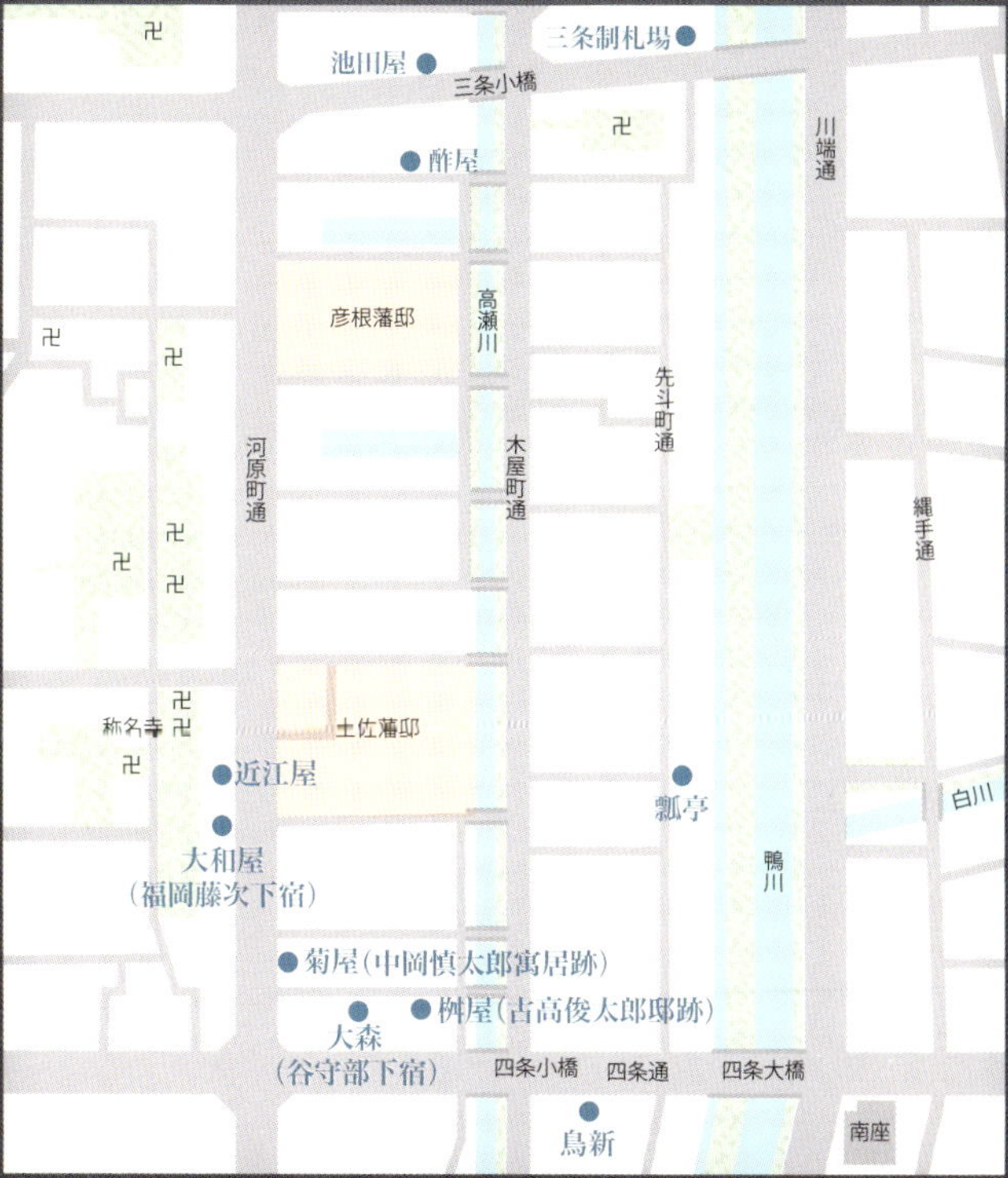

龍馬に迫る危機

慶応3年（1867）10月中旬、龍馬は寓居を酢屋から近江屋に移した。しかし薩摩藩の吉井幸輔《こうすけ》（友実《ともざね》）は龍馬の身を案じ、「まだ土佐藩邸に入ることができないとのことですが、京都の四条河原町あたりにいては不用心です。幕府の役人が土佐藩邸を訪ねたくらいなので、早々に二本松の薩摩藩邸に入ってください」と忠告し、隠れ家を変えることをすすめた。

しかし龍馬は翌日、同志の望月清平に宛てた手紙に、「土佐藩邸に入るのも薩摩藩邸で身を潜めるのも嫌であり、万一の時は従者（藤吉）とともにここで一戦交えた上で、土佐藩邸に逃げ込もうと心に決めています。徒士《かち》目付の樋口真吉に新たな隠れ家の周旋をお願いしたい」と書いている。龍馬は最初の脱藩を許された時、土佐藩邸で7日間の謹慎処分を受けた。よって藩邸には嫌な思い出があったのだろう。また下級武士である龍馬にとって、上級武士が偉そうにしている藩邸はわずらわしいと感じていたと思われる。

翌月の11月11日、龍馬は幕府若年寄格の永井尚志《なおゆき》を訪ね、その時の様子を広島藩士・林謙三宛の手紙に、「永井と私は志《こころざし》がまったく同一である」と書いている。龍馬は幕府高官と意見が一致したことを喜び、このことが油断につながったのかもしれない。

そのころ、龍馬は近江屋の土蔵を隠れ家にしていたが、土蔵は裏庭にあり、刺客の襲撃に

土佐藩邸跡碑・土佐稲荷（MAP・4頁）

近くには藩邸内にあった土佐稲荷（写真左）が移されており、境内には龍馬の銅像がある。

備えて梯子《はしご》をかけていた。いざとなれば近江屋に隣接する裏の称名寺の墓地を通って、土佐藩邸に逃げ込む逃走ルートも確保していたのである。ところが龍馬は風邪をひいてしまい、14日に母屋の奥の八畳間に移った。

そして運命の11月15日、龍馬は午後3時ごろと5時ごろ、近江屋の3軒南どなりの酒屋・大和屋を訪ねた。ここに土佐藩参政の福岡藤次（孝悌《たかちか》）が寓居していたからである。ところが2度訪問したが福岡は不在だった。

この日はとても来客の多い日で、午後3時ごろに中岡慎太郎が近江屋にやってきた。慎太郎は「三条大橋制札事件」（三条大橋の幕府制札場の高札が度々引き抜かれ、鴨川に投げ捨てられた事件）で捕らえられていた土佐の宮川助五郎のことを龍馬に相談に来たのである。また板倉（淡海《おうみ》）槐堂《かいどう》がやってきて、自筆の寒椿白梅図を龍馬に与えていた。この掛軸はすぐに床間にかけられたが、その夜、龍馬の血しぶきを浴びている。

板倉が帰ると近江屋に残ったのは、龍馬、慎太郎、従者の藤吉、菊屋峰吉、土佐藩下横目の岡本健三郎、そして近江屋の家人になった。腹をすかせた龍馬は軍鶏《しゃも》肉を買ってくるようにたのみ、峰吉が四条木屋町の鳥新に買い出しに行ったが、岡本健三郎も恋人の足立たかに会うために出ていった。これは近江屋にいる人数が減るのを待ち構えていた刺客にとっては大チャンスだった。

午後8時ごろ、7～8人の刺客が近江屋に迫っていた。たいへん寒い日で、みぞれまじりの天候だったため、風邪をひいていた龍馬は、真綿の胴着を着込んで厚着をし、火鉢にあたりながら慎太郎と語り合っていた。午後8時すぎ、何者かが近江屋の戸をドンドンと叩き、「坂

板倉（淡海）槐堂

岡本健三郎

本氏に至急面会したい」と言った。藤吉が表戸を開けると、そこには見知らぬ男が立っていたという。

藤吉が名前を尋ねると、男は「十津川郷士」を名乗って、懐から「札名刺《ふだめいし》」を取り出した（ちなみに京都見廻組の今井信郎は「松代藩士」を名乗ったと証言している）。大和国・十津川郷は勤王の志士が多い土地で、龍馬の知り合いにも十津川郷士は多く、また陸援隊にもたくさん加わっていた。刺客は最もあやしまれない十津川郷士になりすまし、接近したのである。名刺を受け取った藤吉は、龍馬に取り次ごうと2階へ向かった。

慶応3年11月15日

龍馬の従者をしていた藤吉は、訪ねてきた男を連れて階段を上がり、龍馬に札名刺を手渡した。そして引き返してくると、男が突然抜刀して襲いかかってきた。これには元力士の藤吉もひとたまりもなく、斬られて倒れ込んだ。大きな物音がしたため、龍馬は藤吉が近江屋の子とじゃれていると思い、「ほたえなや」（土佐弁で「静かにせい」）と一喝した。

龍馬と慎太郎がその名刺に目をやった瞬間、襖《ふすま》が開き、突然2人の刺客が飛び込んできた

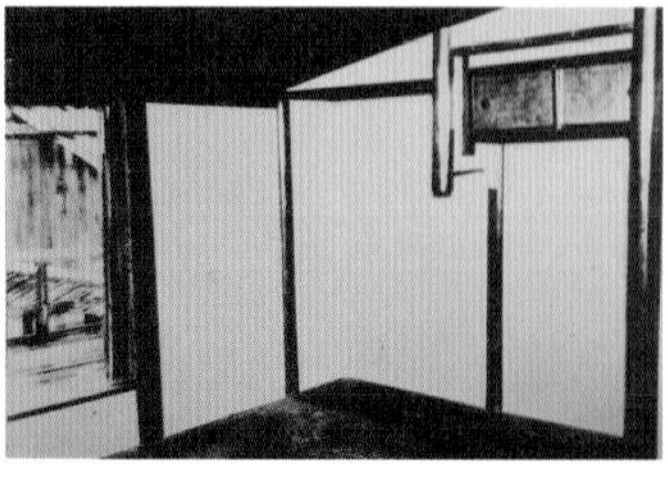

龍馬が斬られた近江屋2階の古写真

という。そして無言のまま龍馬と慎太郎に斬りかかった。龍馬はこめかみから額にかけて斬られたが、この時の鮮血が掛軸に飛び散っている。不意をつかれた龍馬は応戦することができなかった。

一刀目で額を斬られた龍馬だったが致命傷ではなく、床の間に置いてあった自分の刀（陸奥守吉行）に手をかけた。意外と用心深かった龍馬はピストルの暴発を避けるため、つねに1発目には弾丸を込めない習慣があった。よって即座に発射できないと判断し、刀を選んだと思われる。

その時、慎太郎も苦戦を強いられていた。貼り交ぜ屏風のうしろに大刀を置いていたため、刀が手元になかったからである。そして刀を取ろうと敵に背を向けた瞬間、「こなくそ」という気合いとともに後頭部を斬られた。

刺客の二刀目は龍馬の腰を斬ったが、厚着をしていたため深手にはならなかった。さらに刺客は三刀目を繰り出し、龍馬は刀で受け流そうとしたが間に合わず、鞘《さや》に入ったままの刀で敵の刃《やいば》を受け止めてしまう。近江屋の奥の八畳間は勾配天井で低くなっていたため、龍馬の刀は天井につかえ、その鐺《こじり》が天井を突き破った。刺客の刀も天井に当たったがそのまま斬り下げ、愛刀・吉行の鞘を割って刀身を削った。さらに刺客は斬り下げていき、龍馬は頭蓋骨を割られ、白い脳漿《のうしょう》が吹き出したという。それでも龍馬は「石川、刀はないか」と、慎太郎の変名を2、3回よんだが、その後、声を発しなくなったという。

慎太郎は、9寸（約27センチ）の短刀・信国《のぶくに》で必死に防戦していたが、両手両足をひどく斬られ、気を失った。とくに右手は切断寸前の悲惨な状態だったという。動かなくなった慎太

近江屋2階の再現模型
近江屋と土佐藩邸は河原町通をはさんで向かい合っていた。以前の寓居・酢屋からも徒歩5分ほどの距離である。

郎に、刺客は念のために腰を二太刀斬りつけたが、その痛みで慎太郎は蘇生した。しかし慎太郎は身動きせず、刺客が立ち去るのを待ったという。刺客は存分に斬りまくり、「もうよい、もうよい」と言って悠々と立ち去っていった。あとになって慎太郎の短刀を見てみると、刀を受け止めたために刃がボロボロに欠けて「ささら」のようになっており、鞘も真っ二つに裂けていたという。

あっという間のできごとだった。血に塗られた部屋には、肉片が飛び散り、惨劇のすさまじさは目をおおうばかりであった。

「土藩坂本龍馬伝」によると、龍馬は全身34か所、慎太郎は28か所、藤吉は7か所を斬られていたという。とくに龍馬と慎太郎はメッタ斬りであり、刺客は暗闇のなかで執拗《しつよう》に斬りつけたのだろう。それでも、しばらくして意識が回復した龍馬は、「残念、残念だ」と発し、「慎太、慎太どうした、手が効くか」と聞いた。慎太郎は「手は効かん」と答えると、龍馬はとなりの六畳間にはっていき、1階にいた近江屋主人の井口新助に、「新助、はよう医者をよべ」とさけぶ。そして、「俺は脳をやられたからもうダメだ」と言い、気を失った。慎太郎も力をふりしぼり、近江屋の北どなりにあった道具屋・井筒屋善八の屋根にはい上がった。そして助けを求めたが、無情にも返事はなかった。しかし井口新助が裏口から抜け出し、土佐藩邸に助けをよびに行った。

そこに峰吉が軍鶏肉を買って帰ってきた。すると不思議なことに近江屋の表戸が少し開いていた。峰吉が戸の隙間からなかをのぞくと、大きな男が刀を抜き、仁王立ちで立っていたという。驚いてなかに入ることができず、しばらく外で待っていると、その大男が「オイ！

井口新助

菊屋峰吉

お前は峰吉じゃないか。何の用でここに来た」と話しかけてきた。それは土佐藩小監察の嶋田庄作で、事件を聞いていちばん早くやってきた人物だった。嶋田は、「今、坂本と中岡がやられた」と言ったが、峰吉は本気にせず、つかつかとなかに入り台所から裏口に出ると、物置に人気を感じたという。そして扉を開けてみると近江屋の家人がガタガタと震えながら、「悪者が入ってきて2階は大騒ぎだ」と言ったという。

峰吉が2階へ向かうと血がポトポトとしたたり、すさまじい光景が広がっていた。従者の藤吉が倒れて苦しんでおり、峰吉は大きな声で島田をよんだ。島田はさっそく2階に上がってきてまわりを見わたすと、龍馬は倒れていたが、慎太郎の姿はなかった。そこで探してみると慎太郎が隣家の屋根に倒れていた。その身体を八畳間に運び入れると意識を取り戻し、慎太郎はこのことを陸援隊の屯所《とんしょ》に伝えてくれと頼んだ。龍馬は脳天を割られており、息絶え絶えの状態だった。

峰吉はさっそく白川の屯所に向かい、陸援隊士の大橋慎蔵や田中顕助（光顕）らを連れてきた。田中は途中、薩摩藩邸に寄って吉井幸輔（友実）をよび寄せ、また谷守部《たにもりべ》（干城《たてき》）もやってきた。さらに藩医の川村盈進《えいしん》が駆けつけ、龍馬を診察したが助かる可能性は低かった。そこでまず慎太郎と藤吉の治療を行っている。慎太郎は同志が到着すると、苦しみながらも事件のあらましを話し始めた。

慎太郎は重傷ながら話はできる状態で、駆けつけた谷に「早く討幕をやらないと、このようにやられるぞ」「このようなことができるのはさんざん人を斬っている新選組の者だろう」「刺客は『こなくそ』と言ったので、四国人である」と言った。

田中顕助（光顕）

谷守部（干城）

幕末の風雲児、坂本龍馬はわずか33歳で亡くなった。あまりにも早く、そして突然の死に同志たちは慟哭した。死亡日には15日説と16日説がある。話したり、はっていって助けをよんだりしているので、即死ではなかったと思われる。

龍馬の死後、藤吉も16日の夜に亡くなった。慎太郎はいったん持ちなおし、「焼飯（焼きおにぎり）が食べたい」と言い、与えられた焼飯を、「うまい、うまい」と食べたという。しかし容体が急変し、17日に絶命した。

近江屋には犯人の物とみられる遺留品が残されていた。井口新助の証言によると、それは瓢亭《ひさごてい》の焼印がある「下駄《げた》一足」と「刀の鞘《さや》」だったという。事件の翌日、新助はその下駄を持って先斗町《ぽんとちょう》の瓢亭に向かった。そして店の者に「この下駄に見おぼえはありませんか？」と聞いたところ、「昨夜、新選組のお方に貸しました」という返事だった。

また刀の鞘は、谷守部や薩摩の中村半次郎（桐野利秋）が、伏見の薩摩藩邸に逃げ込んでいた御陵衛士《ごりょうえじ》の生き残り（元新選組隊士の篠原泰之進、内海次郎、阿部十郎）に見せた。すると「これは新選組の原田左之助の鞘だ」ということになった。原田は伊予松山の出身であり、「こなくそ」という方言とも一致する。よって原田率いる新選組が実行犯だということになった。

ちなみに大久保一蔵（利通）も11月19日付の岩倉具視《ともみ》宛書状に、「犯人は新選組に間違いない」と書いているし、明治時代には龍馬の暗殺は新選組の犯行だというのが定説になっていた。

坂本龍馬・中岡慎太郎遭難之碑（近江屋跡）
（MAP・4頁）
左は昭和初期の遭難之碑の写真

実行犯と黒幕は？

明治3年（1870）、新選組の大石鍬次郎《くわじろう》は龍馬暗殺の実行犯として取り調べを受けた。そこで大石は「龍馬を討ち取ったのは京都見廻組《みまわりぐみ》（94頁参照）の今井信郎、高橋某《なにがし》ら4人」と証言した。

事件はここから急展開をみせる。今井信郎は箱館戦争で最後まで新政府軍に抵抗し、明治3年に兵部《ひょうぶ》省と刑部《ぎょうぶ》省の尋問を受けていた。そして京都見廻組による暗殺を認めたのである。

今井は刑部省の口書に、「刺客は自分を含め見廻組与頭《くみがしら》の佐々木只三郎、渡辺吉太郎、高橋安次郎、桂早之助、土肥仲蔵、桜井大三郎の7人」で、「渡辺、高橋、桂の3人が2階に踏み込んで龍馬らを襲撃し、自分は見張役だった」と自白したのである。ちなみに今井以外の6人は全員、鳥羽伏見の戦いで戦死していたため、罪を問えなかった。

今井は禁固刑となったが、「見張役」だったということで、わずか1年半の服役で赦免された（箱館戦争終結からの期間をふくめても、わずか2年半の拘束である）。これを裁いたのは龍馬と親密だった元土佐藩の佐々木高行だった。

なぜ今井はこのような軽罰で済んだのか。それは龍馬暗殺の犯人は新選組だということで、近藤勇《いさみ》の斬首をふくめ処罰はすでに終了してしまっていたからである。土佐藩にとっても新

今井信郎

近藤勇の晒し首図

政府にとっても、犯人は京都見廻組であるよりも新選組であった方が都合がよかったのだ。よって見廻組犯行説は一部の人間には伝わったが、表にでることはなかった。

しかし明治33年（1900）、30年の歳月を経て、今井がふたたび重い口を開いた。そしてなんと今井は見張役から実行犯に立場を変えていた。今井は、「2階に突入した人物は4人で、自分と渡辺吉太郎、桂早之助、そしてもう1人だった」と証言した。そして、「もう1人とは誰ですか？」という問いに対して、「それはまだ生きている人です。その人から『私が死ぬまで決して言わないで欲しい』と言われていますので、今申し上げることはできません」と答えている。

また、大正4年8月5日の「大阪朝日新聞」にある記事が掲載された。それは「坂本龍馬を殺害した老剣客　悔恨の情に責められて逝く」という見出しだった。元京都見廻組隊士の渡辺篤が死ぬ前に「龍馬を斬ったのは自分だった」と告白したというのである。渡辺は明治44年に、「渡辺家由緒暦代系図履暦書」を書いていたが、「龍馬を斬ったのは、自分と佐々木只三郎、今井信郎、世良敏郎、ほか2人」で「世良は武芸はあまりできなかったため刀の鞘を現場に忘れた」と書いている。今井が「その人物は現在も生きているからだ」と答えた人物こそ、渡辺篤だったのではないだろうか。

霊山歴史館には、「龍馬を斬った刀」という脇差が収蔵されている。この刀の持ち主は見廻組の桂早之助で、近江屋の2階に突入した一人である。刀身はわずか42・1センチで、刃こぼれがあり、龍馬と斬り結んだ際の壮絶なさまが伝わってくる。早之助は龍馬暗殺のわずか1か月半後に、鳥羽伏見の戦いで戦死したため、今井や渡辺のように事件について語ること

渡辺篤

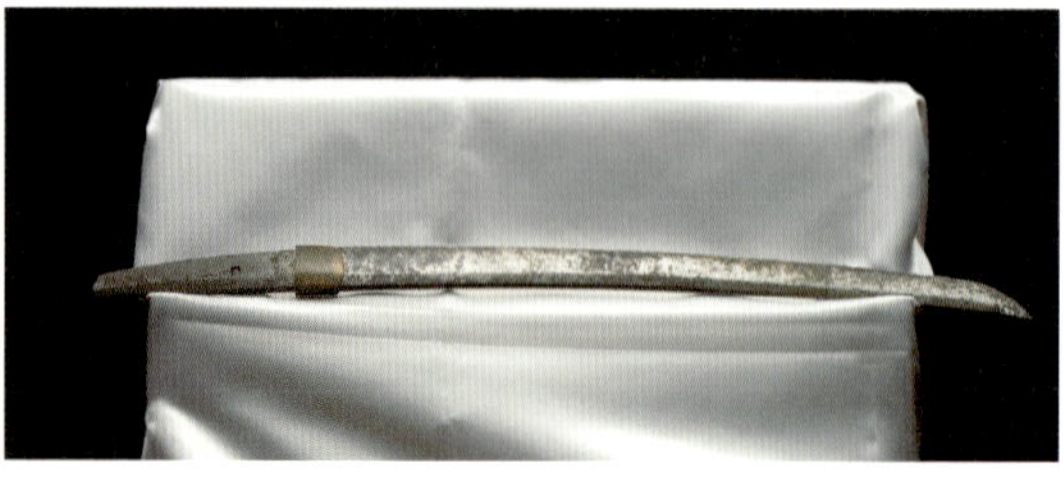
龍馬を斬った刀

はできなかった。

現在、龍馬殺害の黒幕には諸説あるが、龍馬の殺害を指揮した佐々木只三郎には手代木《てしろぎ》直右衛門という会津藩士の兄がいた。直右衛門は幕末、京都公用人という重職についていたが、明治33年の臨終に際して、ある告白をしている。「じつは龍馬を斬ったのは弟の只三郎である。あれは暗殺ではなく公務だった。上様の命令である。今まで公言しなかったのは上様に累《るい》がおよぶからだ」と語ったという。上様とはもちろん松平容保《かたもり》のことで、龍馬の殺害は暗殺ではなく「警察権の行使」だったというのだ。このことから、龍馬殺害は京都守護職会津藩の指令だったという説が有力である。

松平容保

京都見廻組とは？

京都見廻組《みまわりぐみ》は龍馬殺害の実行部隊として有名だが、その実像はあまり知られていない。なぜなら、それ以外に目立った活躍がなかったからであろう。

京都見廻組は、元治元年（1864）4月24日、京都の治安維持のために結成された幕府直参の警察組織である。京都守護職お預かりの新選組に対して、正規の保安部隊であった。

見廻組が結成された理由として、

①八月十八日の政変以降も、長州勢が失地回復をもくろんで地下活動を続けており、治安がなかなか回復しなかったこと

②京都守護職の負担が重く、その業務を補佐する組織が必要だったこと

③新選組に幕府直参を打診したが、有志の団体として攘夷がしたいと、その要請を断ったこと

などがあげられる。

見廻組の仕事は、市中のパトロール、尊攘派公卿や志士の監視、佐幕派公卿の保護などだった。構成員は御目見得以下の直参（御家人）で、定員は400名。

役職には、上役である京都見廻役の補佐をする与頭《くみがしら》や与頭勤方があり、旗本が担当。また肝煎や伍長、見廻組は御家人が担当した。

京都見廻役が見廻組を指揮し、発足時は蒔田相模守と松平因幡守が就任した。しかし、見廻組は「禁門の変」や「水戸天狗党の変」に出動したが、大きな功績はあげていない。そして「鳥羽伏見の戦い」では旧幕府軍の斬込隊として奮戦したが、30人以上が戦死して壊滅してしまった。

油小路の変

御陵衛士 × 慶応元年6月の新選組幹部

（太字は後の御陵衛士隊士）

局長　近藤勇

副長　土方歳三

参謀　**伊東甲子太郎**

副長助勤

一番隊・沖田総司　二番隊・永倉新八

三番隊・斎藤一　四番隊・松原忠司

五番隊・武田観柳斎　六番隊・井上源三郎

七番隊・谷三十郎　八番隊・**藤堂平助**

九番隊・**三木三郎**　十番隊・原田左之助

諸士調役兼監察

山崎烝　**篠原泰之進**　**新井忠雄**　**服部武雄**

芦屋昇　吉村貫一郎　尾形俊太郎

勘定方

河合耆三郎　酒井兵庫　尾関弥四郎　岸島芳太郎

伊東甲子太郎
→ 新選組の大石鍬次郎、宮川信吉、岸島芳太郎、横倉甚五郎に襲撃され死亡

藤堂平助
毛内有之助
服部武雄
→ 伊東の遺体を収容にきたが、新選組の永倉新八ら35～36名に襲撃され死亡

三木三郎
加納鷲雄
富山弥兵衛
篠原泰之進
→ 新選組の襲撃から脱出し、薩摩藩邸に逃げ込む

◆新選組との訣別◆

藤堂平助は新選組で副長助勤や八番隊組長をつとめた人物である。剣術は北辰一刀流《ほくしんいっとうりゅう》目録の腕前で、江戸の深川佐賀町（実際には中川町か）で北辰一刀流の道場を開いていた伊東甲子太《かし》郎《ろう》の寄弟子になったという。藤堂は文久2年（1862）、近藤勇《いさみ》の試衛館に出入りするようになった。翌年、近藤や土方《ひじかた》歳三、沖田総司らと幕府の浪士募集に加わって京に上るが、そのまま京に残留して壬生《みぶ》浪士組（のちの新選組）の一員となる。当時、20歳だった。沖田よりも2歳年下だった藤堂は、最年少で幹部の副長助勤となる。勇猛な性格で戦闘の際にはいつも真っ先に突入したことから、「魁《さきがけ》先生」というあだ名がついていた。

藤堂は池田屋事件で奮戦するが、敵に額を斬られて重傷を負い、戦闘不能となった。しかし刀がささらのようになりながらも戦ったとして報賞金20両を受けた。池田屋で命がけで戦った藤堂だったが、新選組は彼の想いとは逆の方向に進んでいく。藤堂をふくめ新選組がめざしていたのは幕府を中心として尊王攘夷を行うことであった。しかし現実に新選組が行っていたことは尊王攘夷派の取り締まりが中心であり、池田屋事件で新選組は佐幕派の急先鋒となってしまうのだった。藤堂の失望は非常に大きかったと思われる。

藤堂の北辰一刀流の師である伊東甲子太郎は、新選組に加わるまで江戸で平凡な道場主を

新選組袖章

近藤勇

していたが、元治元年（１８６４）に新選組に加わり、二番隊組長や参謀、文学師範をつとめた。

元治元年（１８６４）８月、近藤の命を受けた藤堂は隊士募集のために江戸へ下った。藤堂は昔の北辰一刀流の師である伊東甲子太郎に会って入隊をすすめた。伊東はこの誘いにのり、門弟や同志七名を率いて新選組に入隊した。伊東としては新選組入隊を京都へ進出する足がかりに利用したいと考えていたのだ。

少しさかのぼるが、同年３月末、水戸の天狗党《てんぐとう》が尊王攘夷の挙兵をした時、伊東は天狗党に共鳴し、加わろうとしたが断念している。同志の篠原泰之進が「伊東は尊王攘夷の士であった」と語っているように、その点では近藤や新選組の思想と共通点があった。また近藤は学識があり剣術にすぐれた伊東を入れることで新選組の価値を高めたいと考えていた。だが池田屋事件以降、近藤は幕府寄りの姿勢を明確にしていき、敵は「外国」ではなく禁門の変で朝敵となった「長州藩」へと変わっていく。伊東との思想の違いがはっきりとしていくのだ。

一方、伊東は勤王の志士を救うことに尽力している。これは志士の取り締まりを行っていた新選組とは正反対の行動であった。慶応元年（１８６５）11月、伊東は六角獄舎《ろっかくごくしゃ》に投獄されていた元奇兵隊総督の赤根武人や久留米藩の渕上郁太郎を牢から出し、幕府の長州藩訊問使に加えるように進言し、実現させた。この二人を長州藩の探索に活用するという名目だったが、真意は勤王派とのパイプをつくることにあったと思われる。

伊東は、近藤らと長州藩訊問使に加わって広島に二度出張している。この時、近藤らは長州に入国し、その藩情を探索するよう幕命を受けていた。しかしその目的ははたせず、伊東は西国地方における新選組への風当たりの強さを痛感する。さらに、この出張で伊東は長州

土方歳三

篠原泰之進

藩内にわき起こる倒幕の気運と、幕府の弱体ぶりを目の当たりにした。そこで長州藩の寛典《かんてん》論《ろん》を諸藩の周旋方に説くようになり、長州藩に厳罰を与えようと考えていた幕府や近藤の意見と対立するようになった。このころから伊東は、新選組にいては理想とする勤王活動はできないと頭を悩ませるようになったと思われる。

慶応3年（1867）1月、伊東甲子太郎は九州に出張して、反幕派の公卿や志士と会談した。つまり新選組にいながら反幕府的、反新選組的な活動を行っていたのだ。伊東はついに新選組からの分離を決意する。しかし新選組は脱退を禁じていたので、「このたび、薩摩藩や長州藩に間者として入り込むにあたって、新選組にいては不都合なので別局したい」と近藤に相談したという（永倉新八「浪士文久報国記事」）。だがこれは新選組から分離するための方便であり、その本心は薩摩藩や長州藩に近づいて勤王活動をしたかったのだろう。

さらに伊東は根回しを行い、前年の慶応2年に崩御《ほうぎょ》した孝明天皇の陵墓を守る「御陵衛士《ごりょうえじ》」を朝廷から拝任した。近藤が分離を認めざるを得ない状況を作り出したのだ。しかたなく脱退を認めた近藤であったが、そのかわり斎藤一《はじめ》を間者として御陵衛士に送り込み、その内実を探らせることにした。

同年3月20日、伊東は斎藤をふくむ12人の同志を引き連れて新選組屯所《とんしょ》を出たが、そのなかには近藤や新選組との訣別を決意した藤堂平助の姿もあった。

ちなみに伊東には慶応3年10月14日の大政奉還の直後に書いたと思われる建白書がある。そのなかで、伊東は話し合いによる挙国一致体制の実現が重要であるとしている。伊東は内戦を避けて、穏便に政権を武家（幕府）から公家（朝廷）に移すという王政復古派だったのだ。

その後、新選組から御陵衛士が分離の際に間者として新選組に残留し、6月の幕臣取り立てに反対した佐野七五三之助ら4人は京都守護職邸で切腹した（殺害説もある）。このことで、伊東は近藤に強い敵意を抱くようになったという。

永倉新八の書いた「浪士文久報国記事」によると、伊東らは慶応3年11月20日ごろに新選組の屯所を襲撃しようとくわだてていたという。新選組の不動堂村屯所を風向きのいい時に焼き討ちして近藤や幹部隊士を残らず殺害し、自分が新選組の大隊長になる計画だったとしている。だが、この話をそのまま信じるわけにはいかないだろう。なぜなら大政奉還の直後に伊東が朝廷に提出したと思われる建白書があるが、そのなかで伊東は大政奉還に賛成しているのに対し、近藤は大政奉還に否定的で、幕府がふたたび政権を握ることに協力しようとしていた。大政奉還論をめぐって、ついに両者は決定的に敵対することになったのである。

徳川慶喜によって大政奉還が行われると、武力討幕派が活気づいていった。このような急変する時勢のなかで、御陵衛士も何か実績を作らないといけないという必要性にかられていたという。それが近藤らの殺害だったという説がある。

そのころ、御陵衛士に間者として潜入していた斎藤一が、屯所の月真院を抜け出して新選組に戻った。しかし御陵衛士と新選組は、分離時に相互の移籍を禁じる約定を結んでいたので、斎藤は御陵衛士の資金50両を盗み出し、脱走理由の偽装工作を行う。御陵衛士の阿部十郎は、女にだらしない斎藤は公金50両を使い込んでしまったので、機密を手土産に新選組に帰ったと、維新後まで信じて疑わなかった。斎藤から報告を受け、新選組襲撃計画、もしくは伊東の建白書の内容を知った近藤は激怒し、伊東を殺して御陵衛士の壊滅をはかった。

晩年の永倉新八

月真院（非公開）
御陵衛士の屯所であった高台寺の塔頭。写真左は門前の屯所跡碑。

慶応3年11月18日

慶応3年（1867）11月18日、近藤は伊東を七条醒ケ井《さめがい》にある自分の妾宅《しょうたく》（休息所）に招いた。伊東は薩摩藩や長州藩に間者として潜伏するための軍資金300両の借用を申し入れており、近藤はその調達ができたと言って誘い出したという。一方、伊東は自分の建白書で近藤を説き伏せようとしていた可能性がある。

伊東は同志たちが引き留めるのを振り切って一人で出かけた。その時、同志に「もし新選組におとしいれられることがあろうとも、招きに応じないのは卑怯《ひきょう》である。なおかつ、世間において我々は新選組と同視されてしまっていることが遺憾《いかん》に堪えない。私がもし新選組に殺害されれば、御陵衛士が勤王の士であると認められるであろう」と語ったという。伊東は自分が新選組に加わったことにより勤王派から誤解され、そのことに同志を巻き込んでしまったことを後悔していた。そして、もし自分が新選組に殺された場合、御陵衛士が勤王の士であることを天下に示すことができると考えていたのである。

悲壮な覚悟でやってきた伊東に新選組の隊士たちはしきりに酒をすすめた。北辰一刀流の達人だった伊東を泥酔させ、討ち取る計画だったのだ。休息所をあとにした伊東は酔った足で木津屋橋《きづやばし》通から油小路《あぶらのこうじ》通にさしかかろうとした途中、待ち伏せしていた新選組の大石鍬《くわ》

不動堂村屯所碑

次郎《じろう》の繰り出した槍《やり》に肩口から喉元を突かれた。さらに新選組隊士の宮川信吉、岸島芳太郎、横倉甚五郎たちがいっせいに斬りかかり、伊東は必死に抵抗したが、ついに油小路通の本光寺門前の石にもたれかかり息絶えた。この時、「おのれ、奸賊《かんぞく》ばら」とさけんだという。33歳だった。

新選組は、伊東の遺体を囮《おとり》にし、残る御陵衛士を皆殺しにしようと考え、油小路七条に伊東の遺体を運んだ。そして町役人を叩き起こして月真院に使いを送り、伊東が殺された件を伝えさせ、遺体を収容するために駆けつけてくる御陵衛士たちを待ち伏せにした。新選組は近藤の命を受けた永倉新八らで、35～36名だったという（「鳥取藩慶応丁卯筆記」）。

御陵衛士の生き残りである篠原泰之進が書き残した「秦林親《はたしげちか》日記」によると、その時、月真院に居合わせたのは、三木三郎、服部武雄、加納鷲雄、毛内有之助、藤堂平助、富山弥兵衛、篠原泰之進のわずか7人であった。服部は、「敵は新選組に決まっている。よって甲冑《かっちゅう》を着ていく必要がある」と意見し、三木は、「こちらが挑発しなければ、穏便に遺体を引き渡すかもしれない」と言った。そして篠原が、「新選組は大人数で、我々は少人数であるが、甲冑を着たままで路上で戦死したら、後世まで臆病者だと笑われるであろう。よって平服で行くべきである」と言い、同志たちも賛同したという。

午前0時ごろ、彼らは遺体を収容する駕籠《かご》を用意してやってきた。篠原の手記によると、この時、鎖帷子《くさりかたびら》を着込んで待ち伏せしていた新選組隊士が三方向から斬りかかってきたという。新選組は黒装束に身を包み、眼出し頭巾を被っていた。激闘が繰り広げられ、三木ら4名は脱出に成功する。しかし儒者で刀技に劣る毛内有之助は刀を握ったまま絶命した。隊内

本光寺門前の伊東甲子太郎他数名殉難之跡碑
（MAP・6頁）

屈指の使い手だった服部武雄は、大刀と脇差の二刀流で応戦し、新選組隊士を悩ませたが、全身に20数カ所の傷を負って斬殺された。その身体は五体が離ればなれになっていたという。

小柄であったが剣術はなかなかの腕前だった藤堂は「魁先生」のよび名通り、この時もいちばん最初に抜刀し斬りかかったという。ただ近藤は、「藤堂は伊東一派に加わっているが、まだ若い人材なので、できるならば助けたい」と永倉に伝えていた。永倉が藤堂を逃がそうと道をあけ、それに気づいた藤堂が脱出しようとした時、三浦恒次郎（常次郎）が背中から斬りつけた。ふり向いた藤堂はふたたび新選組と斬り結び、命を落とした。24歳だった。

彼らの遺体はそのまま2日間にわたって放置され、翌朝にはたくさんの見物人が集まったという。折れた刀と多数の指が散乱する壮絶な現場であった。

遺体は当初、新選組によって光縁寺に埋葬された。しかし翌年3月に御陵衛士の生き残りによって先に葬られていた間者たちとともに、泉涌寺《せんにゅうじ》の塔頭《たっちゅう》である戒光寺の墓地に改葬された。

◆ 伊東甲子太郎の建白書 ◆

新選組隊士名簿
英名録（部分）
下の〇印が御陵衛士。

この油小路の変によって御陵衛士の生き残りは近藤への憎悪をたぎらせ、墨染での近藤襲撃、板橋での近藤の改名見破り、そして近藤の処刑へと続いていくのである。

歴史に「もし」はないが、伊東は新選組に殺されていなかったら、別の形で名を残したかもしれない。なぜなら前述した伊東の三十三条におよぶ建白書が非常に独創的ですばらしい内容だからだ。これは朝廷への政治提案書であり、同志で元新選組文学師範である毛内有之助らと共同で執筆したものと思われる。

とくに斬新なのが、公家が五畿内を直轄して全国の大名を掌握するという公家政権論である。その直轄領の税金で陸海軍や御親兵を創設し、その軍事力を幕府でも大名でもなく、公家に任せようとしている点にあり、これによって真の意味での王政復古を成しとげようとしたのである。これが勤王家だった伊東が目指していたものであった。

元治元年には尊王攘夷の天狗党に共鳴していた伊東だったが、その後、世界や日本の情勢をふまえて「大開国、大強国」を国の方針にするべきだとし、積極的な開国を説いている。さらに国民皆兵を唱えるなど新しい日本の姿を構想した。それを強引にではなく内戦を避け、穏健に衆議による挙国一致で行おうとしたのである。伊東はこれらの施策によって日本を西洋列強の脅威から守ろうとした。

この建白書は伊東が卓越した見識とすぐれた政治力を持っていたことを示している。維新を前に、その命を散らしたことが惜しまれる大人物であった。

王政復古の大号令

大政奉還は行われたが、武力討幕派の西郷吉之助（隆盛）は、実権はそのまま徳川慶喜《よしのぶ》が握ると考えていた。そこで薩摩藩に出兵させるために「討幕の密勅」を持って薩摩へ帰った。

薩摩藩では藩主・島津忠義の出兵上京が決まり、慶応3年（1867）11月13日に西郷は藩兵3000名を軍艦4隻に分乗させて出発、大坂へ向かった。

京都に到着した西郷は、岩倉具視《ともみ》らとともに徳川中心の朝廷政府が成立するのを怖れ、親徳川派の公家・二条斉敬《なりゆき》や賀陽宮《かやのみや》朝彦親王らを排除するためのクーデターを計画した。それが「王政復古の大号令」である。

12月9日、薩摩藩兵ら5藩の軍によって京都御所の9門が固められ、それまで警備についていた会津、桑名の兵は追い払われた。二条摂政や朝彦親王などは参内を禁止され、赦免されたばかりの岩倉が参内し、親王、公卿のほか、薩摩、広島、福井、尾張、土佐の諸侯が集められた。そして明治天皇が臨席し、王政復古の大号令が下された。

これにより、摂政・関白などの朝廷の官職や幕府が廃止され、総裁・議定・参与の三職を中心とした新政府が発足することとなった。ここに朝廷内の親徳川勢力が一掃されたのである。

王政復古の大号令の内容は次の通り。

①慶喜の将軍職辞職を許す
②京都守護職・京都所司代の廃止
③江戸幕府（将軍、老中、奉行所など）の廃止
④摂政・関白の廃止
⑤総裁、議定、参与の三職を新設する

鳥羽伏見の戦い

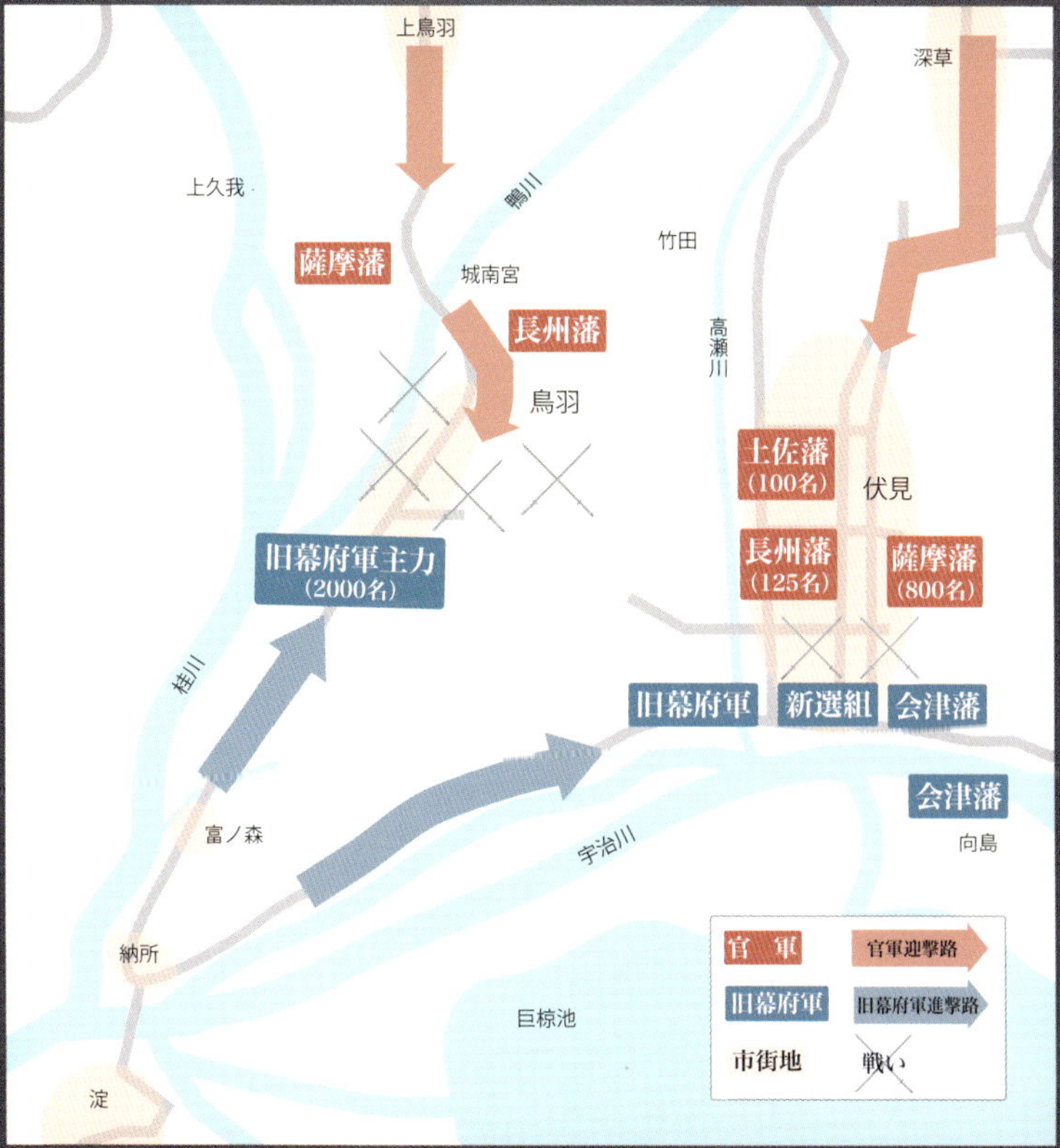

【鳥羽伏見の戦い進軍・戦況図】

慶喜VS西郷

徳川勢力を一掃したいと考えていた武力討幕派は、王政復古のクーデターを起こしたが、まだ頭の痛い問題が残っていた。それは前将軍の徳川慶喜《よしのぶ》が依然として広大な領地と強大な軍事力を保持していたことと、会津藩が京都守護職、桑名藩が京都所司代をつとめていたことである。

そこで王政復古が行われた夜に、小御所会議が開かれることになった。慶喜の辞官納地、つまり内大臣の免職と徳川領400万石の返上、そして会津藩と桑名藩の罷免が議論された。土佐藩の前藩主である山内容堂《ようどう》は、この会議に慶喜が参加していないことについて猛烈に異議を唱え、我が国が300年近く平和を維持してきたのは徳川幕府のおかげであるとし、慶喜を会議に参加させるように求めた。酒に酔っていた容堂はさらに、「暴挙をくわだてた3～4人の公家が、おさない天皇を擁《よう》して権力を盗もうとしているだけだ」と言い放った。この発言に怒った岩倉具視《ともみ》は、「帝《みかど》は不世出の英主であり、今日のことはことごとく帝のご決断である。それをおさない天皇を擁するとは妄言だ」と一喝した。青くなった容堂は失言を謝罪した。越前福井藩の松平春嶽《しゅんがく》や尾張藩の徳川慶勝《よしかつ》も慶喜の出席を求めたが、岩倉はペリー来航以降の幕府の失政を責め、慶喜みずからが官位を退いて土地と人民を返上すべしと訴え、

小御所（MAP・5頁）
紫宸殿の北に位置し、東には庭園（次頁写真）が広がる。

大久保一蔵（利通）もこれに賛同した。激論が繰り広げられ会議は紛糾し、いったん休憩に入った。

こまった薩摩藩家老の岩下方平《みちひら》は、外で警備を担当していた西郷に相談した。すると、西郷は、「匕首《ひしゅ》一本あれば片がつく」と答えたという。匕首とは、つばのない短刀のことで、容堂の暗殺をほのめかしたというのだ。この言葉に岩倉も奮起し、芸州広島藩を通じて土佐藩に働きかけたため、その決心を知った後藤象二郎《しょうじろう》が容堂にこのことを告げた。さすがの容堂も閉口し、再開された会議では沈黙した。そして翌日、松平春嶽と徳川慶勝が二条城に行って、慶喜の内大臣免職と領地の返上を通知した。しかしその後、松平春嶽、山内容堂、後藤象二郎ら公議政体派が巻き返し、早急に慶喜を参内させ、議定の席を与えて新政府の一員にしようと必死の朝廷工作を行った。その結果、新政府の費用は徳川家だけに負担させず、各藩に割り当てようという動きが活発となり、慶喜の辞官納地も有名無実化される寸前となった。

それに対して、西郷は江戸の三田藩邸に浪士を集めて、江戸市中を攪乱させ、旧幕府軍の暴発を誘発させる作戦に出た。

これに怒った江戸市中の警備を担当していた庄内藩などの藩兵が、慶応3年（1867）12月25日未明、三田の薩摩藩邸と支藩の佐土原藩邸を焼き討ちにし、薩摩藩留守居役ら数十名が闘死、益満休之助が捕縛《ほばく》された。この報を聞き、大坂城の旧幕府主戦派は大いに沸き立った。そして「大坂にいる薩摩人を一人斬るたびに15両の賞金を出そう」と真剣に提案する者もいたという。戦闘を回避して新政府の一員になろうとしていた慶喜のもくろみは、家臣らによってフイになってしまうのだった。

岩倉具視

そして旧幕府軍は「薩摩討つべし」と上京の準備を整え、薩摩藩の罪状を記した「討薩表」（討薩の表）を用意した。慶喜にも、この動きを押さえ込むことはできないほどであった。しかし武力を持って京に迫ることは賊軍になる危険性があった。なぜなら、禁門の変の時には、長州が御所に迫って賊軍となっているからである。

旧幕府軍主力の陸軍歩兵隊は鳥羽街道を進み、会津藩、新選組、伝習隊は旧伏見奉行所に本陣を置いた。旧幕府軍は、鳥羽街道と伏見街道の二正面作戦という非常にオーソドックスな戦法に出たが、これは慶喜の入京が阻止されるとは、まったく考えていなかったからである。

◆慶応4年1月3日◆

入京をめざす旧幕府軍に対して、薩摩藩は東寺に本陣を置いて鳥羽街道を守り、長州は東福寺に本陣を置いて伏見街道を守った。また薩摩は安楽寿院《あんらくじゅいん》、城南宮《じょうなんぐう》や御香宮《ごこうのみや》にも陣を設けた。この時の旧幕府軍の軍勢は約1万5千名だと一般的に言われているが、これは慶喜の入京にあたっての「軍配書」に記載されている数で、実際に前線にいた兵士の数は7000名

伏見奉行所跡碑（MAP・7頁下）

御香宮神社（MAP・7頁下）

～8000名であった。それに対して当初、薩長側は薩摩兵1500名、長州100名くらいで、土佐100名は参加しているが、戦闘には加わっていない。のちに土佐藩兵300名を加えて、薩長軍は約4500名となる。兵力で勝る旧幕府軍は勝利を確信していたが、数で劣る薩長軍は新式の大砲や鉄砲で武装し、迎え撃つ準備を進めていた。さらに薩長軍は秘策を用意していたのである。ちなみに旧幕府軍は全体で見れば薩長軍に比べて装備が劣っていたが、陸軍歩兵隊は新式の兵器で武装し、伝習隊は新型のシャスポー銃を装備していたという説がある。

慶応4年（1868）1月3日、鳥羽の小枝橋や赤池で鳥羽街道を進軍する旧幕府軍と薩摩兵の間で「通せ」「通さない」の押し問答になった。そして午後5時ごろ、強硬に通ろうとした旧幕府軍に薩摩兵が発砲して戦闘が始まった。のちに西郷は「鳥羽一発の砲声は、百万の味方を得たるよりも嬉しかりし」と語っている。この時、大目付の滝川具挙《ともあき(ともたか)》が乗っていた馬が驚いて滝川を振り落として逆走し、旧幕府軍は大混乱に陥ったという。また油断していた滝川は兵に銃の弾込めもさせていなかった。これは慶喜を朝敵にしないようにという意図もあったと思われる。

鳥羽での大砲の音は南東2・5キロの伏見にまで届き、これを聞いた御香宮の薩摩軍、そして長州軍も攻撃を開始した。旧伏見奉行所には、林権助らの会津藩士、久保田備中守らの伝習隊、土方《ひじかた》歳三らの新選組などが陣取っていて、激しい戦闘となった。

奉行所に対して薩摩は東の高台から砲撃を加えた。現在、桃山龍雲寺がある高台は譜代大名の彦根藩が陣取っていたが、薩摩藩に追い立てられ退去していた。薩摩はここに大砲4門

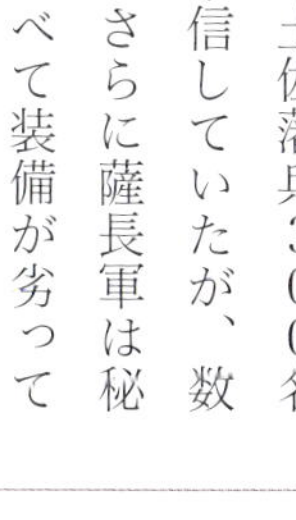

会津藩駐屯地跡（伏見御堂）碑（MAP7頁下）

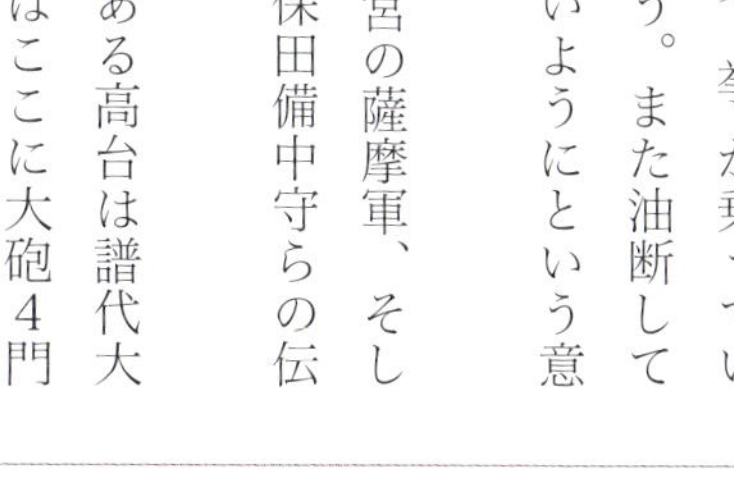

鳥羽伏見の戦い勃発の地碑

を備え付けたが、その砲弾が旧伏見奉行所の火薬庫に命中し、大爆発を起こした。奉行所は炎上し、会津藩兵や新選組は敗走した。この日、鳥羽の戦い、伏見の戦いともに薩長軍の勝利に終わり、大久保一蔵（利通）は、「薩長軍の勝利を聞いた時ほど快心を覚えたことはなし。百万の援兵を得たような気持ちだった」と語っている。

翌4日、下鳥羽が戦場となり、旧伏見奉行所から後退した旧幕府軍と薩長軍は中書島《ちゅうしょじま》で戦かい、戦場となった伏見市街は3分の2が焼失した。下鳥羽では薩長軍は苦戦し、薩摩兵に討死が多かったという。薩長軍は撃破され、突破北上されそうになったが、なぜか旧幕府軍は撤退した。夕暮れであったことから撤退命令が出たのである。薩長軍はこのような敵の作戦ミスにも助けられた。結局、旧幕府軍は富ノ森や淀に後退した。

この日、朝廷は仁和寺宮嘉彰《にんなじのみやよしあきら》親王を征討大将軍に任命し、薩長軍に「錦の御旗《みはた》」がひるがえり、官軍になっていた。前日の夜に西郷が、秘策だった「錦の御旗」を大久保に要請していたのである。

5日、勢いを取り戻した薩長軍は淀千両松で戦う。新選組の必死の抵抗にあったが、何とかこれを打ち破った。この千両松の戦いで、新選組は井上源三郎ら14名の戦死者を出した。その日の夜、旧幕府軍は淀城に入って態勢を立て直そうとしたが、淀藩兵は入城を拒否した。淀藩稲葉家は譜代大名で、藩主の稲葉正邦は老中だったが、江戸にいた。前日にひるがえった錦の御旗によって旧幕府軍は朝敵となり、淀藩は勅命であると入城を拒否したのである。「錦の御旗」は大きな力を持っていたのだ。

6日、薩長軍は橋本に土塁を築いて待ち受けていた旧幕府軍と対決した。地の利を生かし

伏見口の戦い激戦地跡碑（MAP・7頁下）

た旧幕府軍に対して、薩長軍は淀川の対岸に陣取っていた津藩藤堂家を説得し、官軍に引き入れた。突然、淀川の対岸から砲撃された旧幕府軍は反撃するも総くずれとなり、この戦いで、京都見廻組《みまわりぐみ》の与頭《くみがしら》だった佐々木只三郎が重傷（のち死亡）、新選組諸士調役兼監察・山崎烝《すすむ》が重傷（のち紀州湾沖にて死亡）を負った。

淀藩や津藩が薩長側についたため、旧幕府軍は戦意を失い大坂に撤退した。だが緒戦では出鼻をくじかれたが、大坂に結集した軍勢を整えれば、薩長軍をじゅうぶん迎え撃てるはずだった。ところが大坂城の慶喜は家臣を置き去りにして開陽丸で江戸へ帰ってしまった。そして恭順の意をあらわした。

しかし西郷は、「維新変革というものは中途半端ではすまされないし、慶喜が切腹しないとこの戦いは終わらない」と慶喜の征討を主張した。

なぜ薩長軍は、兵力で勝る旧幕府軍を敗ることができたのであろうか。

その理由として、薩長軍は新式の大砲や銃砲を装備し、兵の志気が高く、作戦の指揮がすぐれていたことがあげられる。また旧幕府軍は鳥羽、伏見方面からの北上という進路をとったため、その先頭を圧倒的な火力で叩くことができた。もし旧幕府軍が各方向から京に入ってきたならば、数で劣る薩長軍は防ぎきれなかっただろう。

そして錦の御旗である。天皇を手中におさめた薩長軍に土佐藩が加わり、徳川家からの信頼が厚かった淀藩、津藩も薩長軍に寝返ったことが大きかった。

この戦争によって新政府軍は約110名の戦死者を出したが、旧幕府軍側は倍以上の約280名が命を落とし、敗走した。

錦絵
毛理嶋山官軍大勝利

◆山岡と西郷の談判◆

鳥羽伏見の戦いの最中、新政府は早くも山陰道鎮撫《ちんぶ》総督を任命し丹波路に出発させた。その後も各地に鎮撫総督を派遣し、諸大名を制圧、旧幕府側の領地を接収していった。そして、それらを統治するために「太政官代」を設けた。

慶応4年2月3日には、徳川慶喜を征討するという天皇の詔《みことのり》が発せられ、薩摩や長州、尾張など22藩に東征が命じられた。さらに有栖《ありす》川宮《がわのみや》熾仁《たるひと》親王が東征大総督に、西郷は東征大総督府下参謀に任じられたが、西郷は事実上の参謀長になった。薩長土が中心となった総勢5万の官軍は、江戸を目指して東海道や東山道、北陸道を進軍した。

江戸に逃げ帰った慶喜に、幕臣で勘定奉行の小栗忠順《おぐりただまさ》や歩兵奉行の大鳥圭介、海軍副総裁の榎本武揚《たけあき》らは、徹底抗戦を進言した。またフランス公使のレオン・ロッシュは3度も江戸城へやってきて慶喜に抗戦をすすめ、軍事援助を約束した。慶喜も徳川の領地を守るために戦う決意であったが、陸軍総裁の勝海舟や若年寄の大久保一翁は徳川家を存続させるためには朝廷への恭順しかないと説いた。

これを聞き入れた慶喜は松平春嶽に朝廷とのとりなしをたのみ、江戸城を出て、上野寛永寺の大慈院で謹慎した。そして静寛院宮《せいかんいんのみや》（和宮《かずのみや》）と上野輪王寺宮は、新政府に慶喜の助命と

有栖川宮熾仁親王

榎本武揚

東征中止の嘆願を行い、天璋院《てんしょういん》（篤姫《あつひめ》）も西郷に嘆願書を送ってきた。しかし西郷は慶喜の「切腹」を、大久保も「厳刑」を主張した。

3月5日、東征大総督は一戦も交えることなく徳川家の駿府城に入り、江戸城の総攻撃を3月15日に行うことを決定した。これに対して勝海舟と大久保一翁は徳川家の存続と、江戸を戦火から救うために主戦派幕臣の鎮撫に尽力した。

さらに勝の手紙を西郷に届けるため、山岡鉄太郎（鉄舟）が決死の覚悟で駿府城にやってきた。

勝の手紙には、徳川家の助命などは一言も書かれていなかった。それどころか、「徳川の臣は一致して恭順しているが、状況は険悪で、いつ不測の事態となり静寛院宮に危険がおよぶかもしれない。官軍は条理をただして、処理を誤らないでほしい」というのみであった。

西郷のことをよく知る勝は、嘆願は西郷には通用せず、平等な立場から大義名分を説く方が効果があると見抜いていたのである。

西郷も、勝の手紙の真意を深く察し、慶喜の処分と江戸城総攻撃について緊急の参謀会議を開いた。そして西郷は徳川存続の七つの条件を出した。

それは、「慶喜を備前岡山藩に預ける」、「江戸城を官軍に明け渡す」、「軍艦一切を官軍に引き渡す」、「武器一切を官軍に引き渡す」、「城内に居住する家臣は向島に移り、謹慎する」などであった。

これに対して山岡は一点、「慶喜の備前藩預け」について、幕臣として断じて承諾できないと拒絶した。そして、「私とあなたの立場を入れ替えてお考えいただければ、ご理解頂けるは

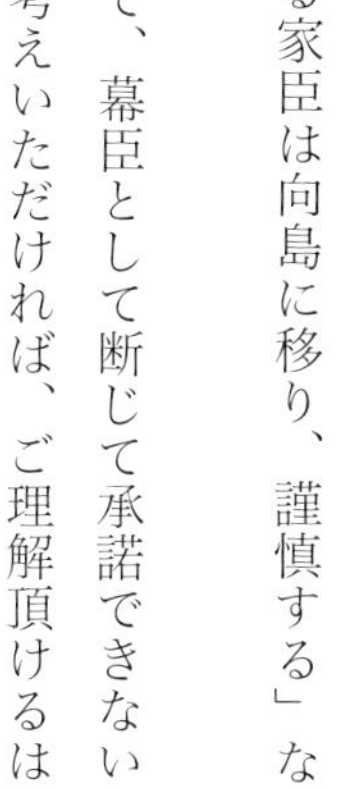

山岡鉄太郎（鉄舟）

ず」と迫ったが、西郷も「朝命である」と一歩も引かず、激論となった。

やがて西郷は山岡の誠意に心を打たれ、「慶喜公の事は私が一身に引き受けるので、ご安心くださいい」と言い、危険をかえりみずにやってきた山岡の労をねぎらった。さらに江戸で勝と会談することを約束し、山岡に通行証を与えて帰した。のちに西郷は山岡の勇気を称え、「命もいらない、名誉もいらない、官位もいらない、金もいらない人は処理にこまるものである。しかし、このような大馬鹿者でなければ困難をともに分かち合い、国家の大きな仕事を成しとげることはできない」と評したという。

報告を受けた勝は、官軍との交渉の糸口をつかめたことを喜んだが、もし江戸城総攻撃が始まった場合は江戸の町に火を放って抗戦する覚悟だった。そして逃げ遅れた江戸市民を救助するために漁師から漁船を借りている。

勝海舟

土方歳三の戦刀「大和守源秀國」

著者の勤務する霊山《りょうぜん》歴史館は土方《ひじかた》歳三の刀を所蔵している。銘は「大和守《やまとのかみ》 源《みなもとの》 秀國《ひでくに》」で、刃長は 2尺2寸8分（約68・7センチ）、反りは約1・4センチである。直刃《すぐは》の実用刀で戦闘用である。慶応2年8月に作刀と銘が切られている。茎《なかご》の表銘には「大和守源秀國（秋月種明懇望帯之）」、裏銘には「（幕府侍 土方義豊 戦刀）慶応二年八月日（秋月君譲請高橋忠守帯之）」とある。（　　）内の銘はのちに刻まれたもの。

秋月《あきづき》登《のぼり》之《の》助《すけ》種明《たねあき》は会津藩士で、松平容保《かたもり》に従って上洛する。鳥羽伏見の戦い後に江戸へ帰り、戊辰戦争では関東で大鳥圭介の旧幕府軍伝習隊第一大隊長となった。この時、土方はその参謀となったので、土方の上官にあたる人物である。土方は人望のある秋月を尊敬していたという。秋月と土方はともに宇都宮城の戦いで新政府軍と戦ったので、宇都宮かその後の会津でこの刀は土方から秋月に贈られたと思われる。のちに秋月から高橋忠守（巳《み》之《の》助《すけ》）へ贈られた。

秀國は会津藩の抱え鍛冶《かじ》で、松平容保が京都守護職として上洛した際に同行し、京都で作刀している。近藤勇《いさみ》は同一年代の「大和守源秀國」銘の刀を3本、郷里の日野に土産として持参し、そのうちの一振りを佐藤彦五郎に贈った。また、もう一振りは現在、井上源三郎資料館が所蔵している。土方歳三の愛刀は会津11代和泉守兼《いずみのかみかね》定《さだ》が有名であるが、戦闘の多い新選組隊士にとって刀は消耗品であり、土方も複数の刀を所有していた。

大和守源秀國

エピローグ　志士の志

慶応4年（明治元年・1868）3月13日、西郷吉之助（隆盛）は江戸高輪《たかなわ》の薩摩屋敷で勝海舟と会見した。これは初対面ではなく、元治元年（1864）9月に、禁門の変後の幕府の方針を聞くために西郷は勝を訪問していた。この時、二人はお互いにただならぬ人物であると感じ、認め合っていた。

江戸城内では徹底抗戦を主張する声が高まっており、西郷の出した条件（113頁参照）がそのまま受けられる可能性はなかった。勝は抗戦派に恭順を説いたが聞き入れられず、それどころか逆に命を狙われている状態だった。勝は背水の陣だったのである。

翌14日は、新政府軍の江戸総攻撃の前日だった。江戸城にはいきり立った旧幕臣が集結し、緊張は最大に達したが、勝は最後の望みを託して、田町の薩摩屋敷で西郷との談判にのぞんだ。

勝は西郷の出した条件に対して、徳川側の代案を出したが、それが以下の通りである。

「慶喜は隠居して水戸で謹慎する」

「江戸城は明け渡しの手続きを済ませた上で、田安家（徳川御三卿の一つ）に預ける」

「慶喜の寛大な処分が決まれば、軍艦や武器は必要数以外は官軍に渡す」

「城内に住む家臣は、城外に移り住み謹慎している」

「慶喜の妄動を助けた者は寛大に処分し、命に関わるような厳罰を与えない」

「士民の暴挙鎮撫が徳川の手に負えないと判断した場合、新政府軍に鎮圧をお願いする」

つまり勝の出した案は、新政府軍の要求をほとんど無視したもので、江戸城を田安家に預けるということは新政府軍には渡さないという意味である。

西郷は自分の一存では決められないので大総督府と相談し、結論が出るまで江戸城の総攻撃は中止すると勝に答えた。これは勝の抗戦の覚悟や、攻撃による新政府軍の犠牲などを大局的に判断したものだった。

西郷は勝の修正案を持ち帰り、駿府の大総督府で協議した。さらに京都で三条実美《さねとみ》や岩倉具視《ともみ》、大久保利通、木戸孝允《たかよし》とも話し合った結果、「江戸城は尾張藩に引き渡すこと」、「軍艦武器は官軍がすべて没収し、徳川家の処分が完了後、必要数を返す」と決めた。尾張藩は徳川御三家の一つであるが、すでに新政府軍側だったので、田安家に預けるのとは訳が違った。

そして4月11日、平和的に江戸城の無血開城が実現した。これは西郷と勝でなければ実現できなかっただろう。

勝は慶喜を恭順させ、江戸城明け渡しまでの道筋を作った。それに対して西郷は、会談だけで江戸総攻撃の中止を決めた。西郷と勝の英断によって百万に及ぶ市民の命が救われ、江戸の町は戦火を逃れることができたのである。

その後、上野戦争（彰義隊との戦争）、北越戦争、会津戦争、東北戦争、箱館戦争、版籍奉還、廃藩置県などを経て、日本はそれまでの封建制度から中央集権国家へと大きく変貌していった。これがいわゆる明治維新であり、近代国家として日本が誕生したのである。

＊＊＊＊

京都には本来、武士はほとんどいなかった。

幕府の出先機関に江戸から出向している者か、諸藩の京屋敷に詰めている藩士くらいであった。ところが幕府の権威がおとろえ始めると、朝廷工作に活路を見出した志士《しし》たちが京に集結した。

志士とは志《こころざし》のある人のことである。国を憂《うれ》い、広く天下国家の視点で物事を論じた。そして時にはみずからの命を投げ捨てて国事に奔走した。幕政が危機に瀕《ひん》した時、諸藩の志士たちは狭い藩を超越し、連絡協議した。幕府や藩という枠組みを越えた活動は、幕府や諸藩も認めたくないものであった。そこで志士たちは自由な活動を求め、藩に迷惑が振りかかることを怖れて脱藩した。藩にいては藩の管理下にあり、広く天下の士と交わって奔走する自由を奪われるからである。

長州藩の吉田松陰《しょういん》は「草莽崛起論《そうもうくっきろん》」を唱えた。草莽とは、草むらにかくれている隠者のことであり、無名な者たちが「草の根運動」によって大きな流れを作り出すことを意味していた。そして動乱のなか、その思いの強さから直接行動に追い込まれていった。松陰は「かくすれ

ばかくなることと 知りながら やむにやまれぬ 大和魂」と詠っている。これは天皇や国家のような永遠の存在のためには、私的な家や個人の生活を捨てて奉仕する精神をあらわしている。

安政の大獄で落命した梅田雲浜《うんぴん》は高名な学者であったが、その講学の目的は経世救民《けいせいさいみん》（世の中を治め、人民の苦しみを救うこと）だった。そのため家族はたいへんな貧困を味わった。妻は、「樵りおきし 軒のつま木も 炊きはてて 拾ふ木の葉の つもる間ぞなき」と詠んでいる。雲浜は嘉永5年（1852）には藩政を批判して海防案を建白したが、これが藩主・酒井忠義《ただあき》の忌《き》諱《い》にふれ、士籍を削られ、浪士になってしまった。このころ雲浜は、「君が世を 思ふ心の 一筋に 吾身ありとは 思はざりけり」と詠っている。また「妻ハ病牀ニ臥シ 児ハ飢ニ叫ク」と家族の惨状を作詩しているが、それでも自分は国事に奔走することをやめることはできないと悲痛な覚悟を語った。

幕末、政治の表舞台が江戸から京都に移行していくと、諸大名は京都の藩邸を拡張し、新しく屋敷を設けた。彦根藩は東大路丸太町に藩邸を構えていたが、京の警備を命じられ、嘉永7年（1854）、井伊直弼の指示で木屋町三条下ルに新屋敷を買い求めたという（ただし、天保2年の地図に、すでに彦根藩邸が描かれているものも存在する）。

薩摩藩は錦小路高倉西入ルに藩邸を構えていたが、文久2年（1862）国父・島津久光《ひさみつ》の上洛を機に、御所近くの相国寺門前に二本松藩邸を設けた。

また京都守護職として上洛した会津藩も、黒谷の金戒光明寺《こんかいこうみょうじ》を本陣としていたが、文久3年（1863）に新屋敷を設けている。幕末の京都は武士人口とその施設を一気に増やしながら、終焉に向かって突っ走っていったのである。

ちなみに最後の将軍・徳川慶喜は将軍在任中、一度も江戸城に入らず、もっぱら二条城の南にあった若州小浜藩の京屋敷や二条城、大坂城で執務を行った。それは朝廷の許可がないと何も決められなかったからである。

＊＊＊＊

幕末という時代にはどんな魅力があるのだろうか？

その一つに、無名の志士たちが活躍したことがあげられるだろう。

他の時代は、天皇、貴族、将軍、大名などの権力者が時代を動かしたが、幕末の主人公の多くは「草莽《そうもう》」とよばれる脱藩浪士や商人、農民など、本来は政治に参加できない人々であった。さらに、その多くが10代から30代の若者であった。彼らは藩を抜け出して身分を捨て、家族と別れて国事に奔走した。志士たちの草の根運動、民衆パワーが時代を変えたのである。

現代は物質的な豊かさの一方で、精神的な荒廃が進み、混迷の度を深めているといっても過言ではないだろう。若者たちは政治への関心を失い、投票率の低下や政治離れは社会問題となっている。また忠孝仁愛の精神や心の大切さが忘れ去られ、モラルの低下、公の精神の欠如も問題となっている。戦前の行き過ぎた精神主義、戦後の行き過ぎた合理主義の中で、日本人は大事なものを失ってしまったのではないだろうか。

このような時代だからこそ、近代日本の礎《いしずえ》を築いた志士たちの「無私の精神」が再評価されるべきである。志士たちは自らの命をかけて奔走し、ほとばしる情熱でこの国を動かそうとした。時代を切り拓《ひら》いたその志や想いは、我々の心を打ち、胸を震わせることだろう。そして彼らの言葉に耳を傾け、その行動を学ぶことは、私たちの生き方を見つめ直す絶好の機会となるであろう。

年表

嘉永6年(1853)	6月3日	ペリー艦隊が浦賀に来航
	7月18日	プチャーチン率いる4隻のロシア艦隊が長崎に来航
	11月1日	徳川家定、征夷大将軍に任ぜられる
《嘉永7年》安政元年(1854)	1月16日	ペリー率いる7隻のアメリカ艦隊が再来航
	3月3日	日米和親条約が結ばれ、鎖国政策が終わる
安政2年(1855)	10月9日	幕府、佐倉藩主・堀田正睦を老中首座に任命
安政3年(1856)	7月21日	アメリカ駐日総領事のハリス、下田に来航
安政4年(1857)	6月17日	老中・阿部正弘没(39歳)
安政5年(1858)	4月23日	彦根藩主・井伊直弼が大老に就任
	6月19日	幕府は勅許なしに日米修好通商条約に調印する
	7月6日	将軍・徳川家定没(35歳)
	9月7日	**安政の大獄**がはじまる
	10月25日	徳川家茂、征夷大将軍に任命される
安政6年(1859)	10月11日	幕府、土佐藩主・山内豊信(容堂)に謹慎を命じる
《安政7年》万延元年(1860)	1月13日	幕府の軍艦・咸臨丸がアメリカ訪問に出発
	3月3日	大老の井伊直弼、暗殺される(桜田門外の変)
文久元年(1861)	5月28日	水戸藩浪士が江戸東禅寺のイギリス公使館を襲撃
	10月20日	和宮が降嫁のために江戸へむかう
文久2年(1862)	1月15日	水戸浪士が老中・安藤信正を坂下門外で襲撃(坂下門外の変)

文久3年（1863）

4月8日　開国・公武合体を主張する土佐藩参政の吉田東洋が、土佐勤王党によって暗殺される
4月16日　薩摩藩主の父・島津久光が藩兵1000名を率いて上洛する
4月23日　**寺田屋騒動**が起こる
6月13日　勅使・大原重徳の朝旨によって、幕府は一橋慶喜を将軍後見職に任命
8月21日　生麦事件が起こる
閏8月1日　幕府、初代京都守護職に会津藩の松平容保を任命
12月12日　長州藩の高杉晋作らが品川御殿山に建設中のイギリス公使館を焼打ちする
3月11日　孝明天皇が上賀茂、下鴨神社に攘夷祈願のために行幸し、将軍・家茂も随従
4月11日　孝明天皇、攘夷祈願のために石清水社に行幸。将軍・家茂は病気を理由に随従辞退
4月20日　将軍・家茂、攘夷期限を5月10日と天皇に奉答
5月9日　幕府は生麦事件の賠償金をイギリスに支払う
5月10日　長州藩、下関で外国船（アメリカの商船）に砲撃を加え、攘夷を実行
6月1日　アメリカ軍艦が長州の砲台を報復攻撃
6月2日　フランスの軍艦2隻が長州の砲台を砲撃し占領
6月6日　高杉晋作、奇兵隊を編成
7月2日　薩英戦争が勃発する
8月13日　「攘夷・親征の詔」が出され、天皇の大和行幸が決定
8月17日　天誅組、大和五条代官所を襲撃
8月18日　**八月十八日の政変**が起こる
8月19日　七卿が長州に落ちのびる（七卿落ち）
10月12日　平野国臣らが、澤宣嘉を擁して挙兵し、但馬生野の代官所を占領（生野の変）

元治元年（1864）

3月27日　水戸天狗党が筑波山で挙兵する
6月5日　**池田屋事件**が起こる
7月11日　佐久間象山が京都三条木屋町で暗殺される

	7月19日	**禁門の変**がおこる
	7月20日	京都の六角獄舎で、平野国臣、古高俊太郎らが不当に処刑される
	7月23日	第一次長州征伐の朝命が幕府に下される
	8月5日	四ケ国連合艦隊が下関を砲撃する
	11月11日	長州藩が幕府に恭順し、三家老に切腹を命ずる
	12月16日	高杉晋作が挙兵する
慶応元年(1865)	9月21日	将軍・家茂、第二次長州征伐の勅許を得る
	12月28日	西周、津田真道、オランダ留学を終えて帰国
慶応2年(1866)	1月21日	**薩長同盟**が締結
	1月23日	龍馬が寺田屋で伏見奉行所の捕り方に襲撃される
	2月5日	龍馬が木戸の手紙に朱筆で裏書きをする
	4月14日	薩摩藩士・大久保利通が大坂城の板倉勝静に第二次長州征伐への薩摩出兵拒絶を伝える
	6月7日	第二次長州征伐の攻撃が開始される
	7月20日	14代将軍家茂が病没する(21歳)
	8月1日	幕府軍が敗退し、小倉城が陥落する
	8月16日	一橋慶喜、第二次長州征伐の休戦の勅許を得る
	8月20日	慶喜、徳川宗家を相続する
	8月21日	第二次長州征伐の休戦の御沙汰書が出る
	12月5日	徳川慶喜が15代将軍に就任する
	12月15日	徳川慶喜、征夷大将軍・内大臣に任命される
	12月25日	孝明天皇崩御(36歳)
	2月6日	将軍・慶喜、大坂城でフランス公使ロッシュと会談
	4月14日	高杉晋作、病没(27歳)
慶応3年(1867)	5月21日	薩土討幕の密約が交わされる

5月24日　慶喜、兵庫開港の勅許を得る
6月22日　薩土盟約が結ばれる
10月3日　土佐藩士・後藤象二郎ら土佐前藩主・山内容堂の大政奉還建白書を老中・板倉勝静に提出
10月13日　武力討幕派に討幕の密勅が下される
将軍慶喜、在京大名の重臣を集め、大政奉還を諮問する
10月14日　幕府、**大政奉還**の上奏文を朝廷に提出する
10月15日　朝廷、大政奉還勅許の御沙汰を出す
10月24日　慶喜、将軍職の辞表を朝廷に提出する
11月15日　**龍馬、近江屋で殺害**される
11月18日　**油小路の変**が起こり、伊東甲子太郎や藤堂平助らが新選組に殺害される
12月9日　王政復古の大号令が発せられる
小御所会議で慶喜の辞官納地が決定される

《慶応4年》
明治元年（1868）

1月3日　**鳥羽伏見の戦い**が起こる
1月7日　新政府、慶喜追討令を出す
2月12日　慶喜、江戸城を出て、上野寛永寺に閉居
3月13日　西郷隆盛と勝海舟が江戸城の無血開城について談判する
3月14日　五箇条の御誓文が発布される
4月11日　江戸城無血開城
5月15日　上野戦争
7月17日　江戸を東京と改称
9月8日　明治に改元
9月22日　会津藩が降伏する

明治2年（1869）

5月18日　箱館戦争が終結

対馬藩邸跡	中京区姉小路通木屋町西入　地下鉄「京都市役所前」より徒歩約5分
土佐藩邸跡	中京区木屋町通六角角　阪急京都線「河原町駅」より徒歩約5分
古高俊太郎邸跡	中京区米屋町　阪急京都線「河原町」より徒歩約3分
近江屋跡	中京区河原町通蛸薬師下ル　阪急京都線「河原町」より徒歩約5分
本光寺	下京区油小路通木津屋橋上ル油小路町281 JR京都線「京都」地下鉄烏丸線「京都」より徒歩約10分 8:00～17:00　150円

伏見周辺

大黒寺	伏見区鷹匠町4　京阪本線「丹波橋」近鉄京都線「近鉄丹波橋」より 徒歩約10分　9:00～17:00　無料
御香宮神社	伏見区御香宮門前町174 京阪本線「伏見桃山」近鉄京都線「桃山御陵前」より徒歩約5分 9:00～16:00　境内無料(石庭拝観200円)
伏見奉行所跡	伏見区讃岐町　近鉄京都線「桃山御陵前駅」より徒歩約10分
寺田屋	伏見区南浜町263　京阪本線「中書島」より徒歩約5分 10:00～15:40　1/1～1/3休(月曜不定休)　400円 (宿泊の場合要予約075-622-0243)

市内その他・京都府下

蒲生君平先生仮寓御址	東山区岡崎入江町　市バス「岡崎道」よりすぐ
金戒光明寺	左京区黒谷町121　市バス「岡崎道」より徒歩約10分　9:00～16:00　志納
下鴨神社(賀茂御祖神社)	左京区下鴨泉川町59　市バス「下鴨神社前」より徒歩約5分 6:30～17:00(糺の森は随時)　500円(境内は無料)
上賀茂神社(賀茂別雷神社)	北区本山339　市バス「上賀茂神社前」よりすぐ 10:00～16:00(境内は日中随時)　無料(本殿権殿特別参拝は500円)
天龍寺	右京区嵯峨天龍寺芒ノ馬場町68　嵐電「嵐山」より徒歩約5分 8:30～17:30　境内無料(庭園500円　諸堂参拝300円)
石清水八幡宮	八幡市八幡高坊30　京阪本線「八幡市」より男山ケーブルに乗り換え 「男山山上」より徒歩約5分　5:30～18:30(4/1～9/30) 6:00～18:00(10/1～10/31)　6:30～18:00(11/1～3/31) 6:30～23:00(12/31)　境内無料
宝積寺	乙訓郡大山崎町大山崎銭原1　JR京都線「山崎」より徒歩約15分 9:00～16:00(拝観15:30まで)　境内無料(閻魔堂400円)

※上記データは2017年12月時点のものです。拝観時間、拝観料等が変更になる場合がありますのでご了承下さい。

京都御苑周辺

京都御所	上京区京都御苑内　地下鉄「今出川」より徒歩約10分 9:00〜16:30(9月〜3月入場15:50まで) 9:00〜16:00(10月〜2月入場15:20まで) 9:00〜17:00(4月〜8月入場16:20まで) 月曜休(祝日の場合翌日休)　年末年始(12/28〜1/4)休　無料
拾翠亭	上京区京都御苑内　地下鉄「丸太町」より徒歩約5分 9:30〜15:30(閉門)　月曜〜水曜・日曜、年末年始休(5/15、10/22は公開) 100円(庭園は随時拝観可・無料)
学習院跡	上京区京都御苑内　地下鉄「今出川」より徒歩約15分
堺町御門	上京区京都御苑内　地下鉄「丸太町」より徒歩約5分
蛤御門	上京区京都御苑内　地下鉄「丸太町」より徒歩約10分
藤井右門邸跡	上京区烏丸通上立売上ル　地下鉄「今出川」より徒歩約5分
薩摩藩邸跡	上京区烏丸通今出川上ル　地下鉄「今出川」より徒歩約3分
小松帯刀寓居跡	上京区鞍馬口通烏丸西入　地下鉄「鞍馬口」より徒歩約5分
梁川星巌邸跡	左京区川端通丸太町上ル　京阪鴨東線「神宮丸太町」より徒歩約3分

二条城・壬生周辺

二条城(元離宮二条城)	中京区二条通堀川西入二条城町541　地下鉄「二条城前」より徒歩約5分 8:45〜17:00(入城16:00まで)　12/26〜1/4休　600円
京都所司代跡	上京区猪熊通丸太町下ル　地下鉄「二条城前」より徒歩約10分
若州小浜藩邸跡	中京区西ノ京池ノ内町　地下鉄「二条城前」より徒歩約10分
壬生屯所旧跡(八木家)	中京区壬生梛ノ宮町24　阪急京都線「大宮」嵐電「四条大宮」より徒歩約10分 9:00〜17:00(入館16:30まで)　1,000円(抹茶、屯所餅付)
壬生寺	中京区坊城通仏光寺上ル　阪急京都線「大宮」嵐電「四条大宮」より徒歩約15分 8:00〜17:00(壬生塚・資料室8:30〜16:30)　境内無料(壬生塚・資料室200円)

市内中心部

長州藩邸跡	中京区河原町通御池上ル　地下鉄「京都市役所前」より徒歩約3分
池田屋騒動之跡碑	中京区三条通河原町東入　京阪本線「三条」より徒歩約5分
高山彦九郎像	東山区大橋町　京阪本線「三条」より徒歩約3分

木村武仁（きむら・たけひと）

1973年、京都市生まれ。國學院大学文学部神道学科卒。現在、幕末維新ミュージアム 霊山歴史館学芸課長。専門は幕末・明治維新史。著書に『図解で迫る 西郷隆盛』（淡交社）、『ようわかるぜよ！ 坂本龍馬』（京都新聞出版センター）のほか、共著多数。

資料図版提供／幕末維新ミュージアム 霊山歴史館

ブックデザイン／キャスト・アンド・ディレクションズ

京都を愉しむ
幕末のその日、京で何が起こったのか

2018年2月9日　初版発行

著　者　木村武仁
発行者　納屋嘉人
発行所　株式会社　淡交社
本社　〒603-8588　京都市北区堀川通鞍馬口上ル
営業(075)432-5151・編集(075)432-5161
支社　〒162-0061　東京都新宿区市谷柳町39-1
営業(03)5269-7941・編集(03)5269-1691
www.tankosha.co.jp

印刷製本　図書印刷株式会社

ISBN978-4-473-04228-6